Slavoj Žižek

Acontecimento
Uma viagem filosófica através de um conceito

Tradução:
Carlos Alberto Medeiros

A Jela,
o acontecimento da minha vida

Título original:
Event
(A Philosophical Journey Through A Concept)

Tradução autorizada da primeira edição inglesa, publicada em 2014
por Penguin Books Ltd., de Londres, Inglaterra

Copyright © 2014, Slavoj Žižek

Copyright da edição brasileira © 2017:
Jorge Zahar Editor Ltda.
rua Marquês de S. Vicente 99 – 1º | 22451-041 Rio de Janeiro, RJ
tel (21) 2529-4750 | fax (21) 2529-4787
editora@zahar.com.br | www.zahar.com.br

Todos os direitos reservados.
A reprodução não autorizada desta publicação, no todo
ou em parte, constitui violação de direitos autorais. (Lei 9.610/98)

Grafia atualizada respeitando o novo
Acordo Ortográfico da Língua Portuguesa

Consultoria: Felipe Castelo Branco *(Instituto de Filosofia e Ciências Sociais/UFRJ)*

Preparação: Diogo Henriques | Revisão: Mônica Surrage, Carolina Sampaio
Imagem da capa: © Getty Images Brazil/Getty Images Entertainment –
RM Editorial Images

CIP-Brasil. Catalogação na publicação
Sindicato Nacional dos Editores de Livros, RJ

	Žižek, Slavoj
Z71a	Acontecimento: uma viagem filosófica através de um conceito/Slavoj Žižek; tradução Carlos Alberto Medeiros. – 1.ed. – Rio de Janeiro: Zahar, 2017.
	Tradução de: Event: a philosophical journey through a concept Inclui índice ISBN 978-85-378-1652-3
	1. Filosofia. I. Medeiros, Carlos Alberto. II. Título.

17-39082

CDD: 100
CDU: 1

Roteiro

Todos a bordo: acontecimento em trânsito   7

PRIMEIRA PARADA. Estruturar, reestruturar, enquadrar   13

SEGUNDA PARADA. Felix culpa   36

TERCEIRA PARADA. O budismo naturalizado   57

QUARTA PARADA. Os três acontecimentos da filosofia   75
    Conexão 4.1. A verdade dói   77
    Conexão 4.2. O self acontecimental   87
    Conexão 4.3. La vérité surgit de la méprise   96

QUINTA PARADA. Os três acontecimentos da psicanálise   109
    Conexão 5.1. O real: confrontando a Coisa   114
    Conexão 5.2. O simbólico: a nova harmonia   127
    Conexão 5.3. O imaginário: os três impactos   142

SEXTA PARADA. A anulação de um acontecimento   149

Destino final: "Nota bene!"   165

Notas   177
Índice remissivo   189

Todos a bordo: acontecimento em trânsito

"Um tsunami matou mais de 200 mil pessoas na Indonésia!" "Um paparazzo clicou a vagina de Britney Spears!" "Finalmente percebi que tenho de deixar tudo para trás e ajudá-lo!" "A brutal conquista militar sacudiu o país inteiro!" "O povo venceu! O ditador fugiu!" "Como é possível haver uma coisa tão bela quanto a última sonata para piano de Beethoven?"

Todas essas afirmações se referem àquilo que pelo menos alguns de nós consideraríamos ser um acontecimento – uma noção anfíbia com mais de cinquenta tons de cinza. Um "acontecimento" pode significar um desastre natural devastador ou o último escândalo protagonizado por uma celebridade, o triunfo do povo ou uma brutal transformação política, uma experiência intensa proporcionada por uma obra de arte ou por uma decisão de foro íntimo. Dadas todas essas variações, não existe outra forma de impor certa ordem ao dilema da definição senão assumir o risco, embarcar e começar nossa jornada com uma definição aproximada de acontecimento.

Testemunha ocular do crime [*4.50 to Paddington*, no título original], de Agatha Christie, tem início no meio de uma viagem de trem da Escócia para Londres, em que Elspeth McGillicuddy, a caminho de uma visita a sua velha amiga Jane Marple, vê uma mulher sendo estrangulada no compartimento de outro trem que está passando (o das 4h50 para Paddington). Tudo ocorre muito rapidamente e a visão dela não é clara, de modo que a polícia não leva muito a sério seu depoimento, pois não há evidências de que tenha ocorrido um crime; só Miss Marple acredita em seu relato e começa a investigar. Eis um acontecimento em seu estado mais puro e essencial: algo chocante, fora do normal, que parece acontecer subitamente e que interrompe o fluxo natural das coisas; algo que surge aparentemente a partir do nada, sem causas discerníveis, uma manifestação destituída de algo sólido como alicerce.

Existe num acontecimento, por definição, algo de "milagroso", dos milagres de nossas vidas cotidianas até aqueles das esferas mais sublimes, incluindo a do divino. A natureza acontecimental da cristandade surge do fato de que ser cristão exige a crença num acontecimento singular – a morte e a ressurreição de Cristo. Talvez ainda mais fundamental seja a relação circular entre a crença e suas razões: não posso dizer que acredito em Cristo por ter sido convencido pelas razões que sustentam essa crença; só quando acredito é que posso compreender tais razões. A mesma relação circular existe no amor: não me apaixono por motivos precisos (os lábios dela, seu sorriso...) – é por já estar apaixonado que seus lábios etc. me atraem. É por isso que o amor, também, é acontecimental. Ele é a manifestação de uma estrutura circular em que o efeito acontecimental determina retroativamente suas causas ou razões.[1] E o mesmo vale para um acontecimento político como os protestos contínuos na praça Tahrir, no Cairo, que derrubaram o regime de Mubarak: pode-se facilmente explicá-los como o resultado de impasses específicos da sociedade egípcia (o desemprego, uma juventude educada sem perspectivas claras etc.), mas, de alguma forma, nenhum deles pode realmente elucidar a energia sinérgica que deu origem ao que se passou.

Do mesmo modo, o surgimento de uma nova forma de arte é um acontecimento. Tomemos o exemplo do *film noir*. Em sua pormenorizada análise, Marc Vernet[2] demonstra que todas as principais características que constituem a definição comum de *film noir* (iluminação *chiaroscuro*, câmeras em ângulos tortos, o universo paranoico do romance policial *noir* com a corrupção elevada a uma característica metafísica personificada na *femme fatale*) já estavam presentes nas películas de Hollywood. Mas o enigma que permanece é a misteriosa eficiência e persistência da noção de *noir*: quanto mais certo está Vernet no nível dos fatos, quanto mais oferece causas históricas, mais enigmáticas se tornam a força e a longevidade extraordinárias dessa noção "ilusória" de *noir* – a noção que há décadas tem assombrado nossa imaginação.

Numa primeira abordagem, um acontecimento é, assim, *o efeito que parece exceder suas causas* – e o *espaço* de um acontecimento é aquele que é aberto pela brecha que separa o efeito das causas. Já com essa definição aproximada, vemo-nos no próprio cerne da filosofia, dado que a causalidade é um dos problemas básicos com que ela se confronta: todas as coisas estão conectadas com vínculos causais? Tudo que existe deve sustentar-se em razões suficientes? Ou será que existem coisas que, de alguma forma, acontecem a partir do nada? Como pode então a filosofia ajudar-nos a determinar o que é um acontecimento – uma ocorrência que não se sustenta em razões suficientes – e como ele é possível?

Desde sua própria origem, a filosofia parece oscilar entre duas abordagens: a transcendental e a ontológica ou ôntica. A primeira se refere à estrutura universal de como a realidade se apresenta para nós. Que condições é preciso atender para que percebamos uma coisa como realmente existente? "Transcendental" é o termo técnico filosófico para tal arcabouço, o qual define as coordenadas da realidade – por exemplo, a abordagem transcendental nos torna conscientes de que, para um naturalista científico, só os fenômenos materiais espaço-temporais regulados pelas leis naturais realmente existem, enquanto, para um tradicionalista pré-moderno, espíritos e significados também são partes da realidade, e não apenas projeções humanas. A abordagem ôntica, por outro lado, está preocupada com a realidade em si, com sua emergência e sua disposição: como apareceu o universo? Será que ele tem um começo e um fim? Qual é nosso lugar nele? No século XX, a brecha entre esses dois métodos de pensamento se tornou mais acentuada: a abordagem transcendental alcançou seu apogeu com o filósofo alemão Martin Heidegger (1889-1976), enquanto a ontológica parece hoje ter sido sequestrada pelas ciências naturais – esperamos que a resposta a nossa pergunta sobre as origens do universo venha da cosmologia quântica, das ciências do cérebro e do evolucionismo. Bem no início de seu novo best-seller, *O grande projeto*, Stephen Hawking proclama triunfalmente que "a filosofia está morta":[3] questões metafísicas sobre a origem do universo etc., que eram tema de especulações filosóficas, agora podem ser respondidas pela ciência experimental e, assim, empiricamente testadas.

O que deixa o viajante inevitavelmente chocado é que as duas abordagens culminam numa noção de acontecimento: o acontecimento da revelação do ser – do horizonte de significado que determina como percebemos a realidade e nos relacionamos com ela – no pensamento de Heidegger; e, no Big Bang (ou simetria quebrada), o acontecimento primordial do qual surgiu todo o universo, na abordagem ôntica, sustentada pela cosmologia quântica.

Nossa primeira tentativa de definição de acontecimento como um efeito que excede suas causas nos traz de volta, assim, a uma multiplicidade inconsistente: seria um acontecimento uma mudança na maneira como a realidade se apresenta a nós ou uma violenta transformação da realidade em si? A filosofia reduz a autonomia de um acontecimento ou pode explicar essa mesma autonomia? Assim, mais uma vez: existiria alguma forma de impor certa ordem a esse dilema? O procedimento óbvio seria classificar os acontecimentos em espécies e subespécies – estabelecer uma distinção entre acontecimentos materiais e imateriais etc. Entretanto essa abordagem ignora a característica básica de um acontecimento: o surgimento surpreendente de algo novo que solapa qualquer esquema estável. A única solução adequada é, assim, abordar os acontecimentos de maneira acontecimental – passar de uma noção de acontecimento a outra como forma de expor os inescapáveis impasses de cada uma delas, de modo que nossa jornada se dê através das transformações da própria universalidade, aproximando-se – espero eu – do que Hegel chamou de "universalidade concreta", que não é apenas um contêiner destituído de seu conteúdo específico, mas engendra seu conteúdo mediante a exposição de seus antagonismos imanentes, impasses e inconsistências.

Vamos então imaginar que estamos viajando num metrô com muitas paradas e conexões, cada parada representando uma suposta definição de acontecimento. A primeira parada será uma mudança ou desintegração do arcabouço por meio do qual a realidade se apresenta para nós; a segunda, uma queda no sentido religioso. A isto se segue a quebra da simetria; a iluminação budista; um encontro com a verdade que desmonta nossa vida habitual; a experiência de si [self] como ocorrência puramente acontecimental; a imanência da ilusão da verdade que torna a própria verdade acontecimental; um trauma que desestabiliza a ordem simbólica em que existimos; o surgimento de um novo "significante-mestre", um significante que estrutura todo um campo de significado; uma ruptura política radical; e a dissolução de uma realização acontecimental. A viagem será atribulada, mas excitante, e muito será explicado pelo caminho. Assim, sem mais delongas, vamos começar!

PRIMEIRA PARADA
Estruturar, reestruturar, enquadrar

EM 7 DE SETEMBRO DE 1944, após a invasão da França pelos Aliados, o marechal Philippe Pétain e membros do seu governo de Vichy foram realocados pelos alemães em Sigmaringen, um grande castelo no sul da Alemanha. Foi ali estabelecida uma cidade-Estado extraterritorial, regida pelo governo francês no exílio, nominalmente chefiado por Fernand de Brinon. Houve até três embaixadas na cidade-Estado: as da Alemanha, da Itália e do Japão. Sigmaringen tinha suas próprias estações de rádio (Radio-patrie, Ici la France) e sua própria imprensa (*La France, Le Petit Parisien*). A população do enclave era constituída por cerca de 6 mil cidadãos, dentre os quais conhecidos políticos colaboracionistas (como Laval), jornalistas, escritores (Céline, Rebatet), atores como Robert Le Vigan, que fez o papel de Cristo em *Golgotha*, de Duvivier, em 1935, e suas famílias, além de cerca de quinhentos soldados, setecentos membros da SS da França e alguns civis franceses na condição de trabalhadores forçados. O cenário era de extrema loucura burocrática: para sustentar o mito de que o governo de Vichy era o único governo francês legítimo (o que era verdadeiro, do ponto de vista jurídico), a máquina do Estado continuou funcionando em Sigmaringen, produzindo um infindável fluxo de decretos, leis, decisões administrativas etc. sem nenhuma consequência concreta, como um aparelho de Estado sem Estado, correndo por conta própria, prisioneiro de sua própria ficção.⁴

A filosofia muitas vezes parece a seus oponentes de senso comum uma espécie de Sigmaringen de ideias, produzindo suas ficções irrelevantes e fingindo oferecer ao público insights dos quais depende o destino da humanidade, enquanto a vida real prossegue em outro lugar, indiferente às gigantomaquias filosóficas. Seria a filosofia realmente um simples teatro de sombras? Um pseudoacontecimento imitando de modo estéril acontecimentos reais? E se seu poder residir em sua própria recusa ao engajamento direto? E se, em sua distância estilo Sigmaringen da realidade imediata dos acontecimentos, ela puder ver uma dimensão muito mais profunda desses mesmos acontecimentos, de modo que a única forma de nos orientarmos na multiplicidade de acontecimentos seja por meio das lentes da filosofia? Para responder essas perguntas, devemos primeiro indagar: o que é a filosofia no que ela tem de mais elementar?

Em fevereiro de 2002, Donald Rumsfeld – então secretário de Defesa dos Estados Unidos – envolveu-se num pequeno debate filosófico amador sobre a relação entre o conhecido e o desconhecido: "Existem 'conhecimentos conhecidos'; existem coisas que sabemos que sabemos. Existem 'desconhecimentos conhecidos'; ou seja, existem coisas que sabemos que não sabemos. Mas também existem 'desconhecimentos desconhecidos' – coisas que não sabemos que não sabemos." O objetivo desse exercício era justificar o iminente ataque americano ao Iraque: sabemos o que sabemos (quer dizer, que Saddam Hussein é o presidente do Iraque); sabemos o que não sabemos (quantas armas de destruição em massa Saddam possui); mas também existem coisas que não sabemos que não sabemos – se Saddam possui alguma outra arma secreta sobre a qual não temos a menor ideia... Mas o que Rumsfeld esqueceu de acrescentar foi um quarto termo, fundamental: as coisas que não sabemos que sabemos – que é precisamente o inconsciente freudiano, "o conhecimento que não conhece a si mesmo", como costumava dizer o psicanalista francês Jacques Lacan (1901-81, e cujo trabalho é uma referência básica para este livro).[5] (Para Lacan, o inconsciente não é um espaço pré-lógico [irracional] de instintos, mas um conhecimento simbolicamente articulado ignorado pelo sujeito.) Se Rumsfeld pensava que os maiores perigos no confronto com o Iraque eram os "desconhecimentos desconhecidos", as ameaças de Saddam das quais não podíamos sequer suspeitar, nossa resposta deveria ser que os maiores perigos eram, ao contrário, os "conhecimentos desconhecidos", as crenças e suposições repudiadas às quais aderimos sem ter a mínima consciência. Esses "conhecimentos desconhecidos" são na verdade a principal causa dos problemas enfrentados pelos Estados Unidos no Iraque, e a omissão de Rumsfeld prova que ele não era um verdadeiro filósofo. "Conhecimentos desconhecidos" são o principal tema da filosofia – formam o horizonte transcendental, ou o arcabouço, de nossa experiência da realidade. Recordemos o clássico tema do início da modernidade com respeito à mudança de arcabouço em nossa compreensão do movimento:

> A física medieval acreditava que o movimento era causado por um ímpeto. As coisas estão naturalmente em repouso. Um ímpeto faz com que uma coisa se mova; mas então ele se esvai, deixando o objeto reduzir a velocidade e parar. Assim, para que algo continue se movendo, precisa continuar sendo empurrado,

e o empuxo é algo que se pode sentir. [Esse foi até um argumento em favor da existência de Deus, já que algo muito grande – como Deus – tinha de estar empurrando para manter o céu em movimento.] Assim, se a Terra se move, por que não sentimos? Copérnico não conseguiu responder essa pergunta ... Galileu tinha uma resposta para Copérnico: a simples velocidade *não* é sentida, somente a aceleração. Assim, a Terra pode estar em movimento sem a gente sentir. A velocidade também não muda até que uma força a altere. Essa é a ideia da *inércia*, que então substituiu a antiga noção de ímpeto.[6]

Essa guinada em nossa compreensão de movimento, do ímpeto para a inércia, altera a própria forma básica de como nos relacionamos com a realidade. Como tal, ela é um acontecimento: em sua forma mais elementar, um acontecimento não é algo que ocorra dentro do mundo, mas *uma mudança no próprio arcabouço pelo qual percebemos o mundo e nos envolvemos nele*. Esse arcabouço pode por vezes ser diretamente apresentado como uma ficção que, não obstante, nos possibilita dizer a verdade de maneira indireta. Um belo exemplo de "verdade que tem uma estrutura de ficção" são aqueles romances (ou filmes) em que uma ação desenvolvida por personagens (como parte do roteiro) reflete as complicações amorosas desses personagens na vida real, como o filme sobre a montagem de *Otelo* em que o ator que faz o papel-título é de fato ciumento e, na cena final da peça, realmente estrangula até a morte a atriz que faz o papel de Desdêmona. *Mansfield Park*, de Jane Austen, fornece um exemplo antigo desse procedimento. Fanny Price, garota de família pobre, é criada em Mansfield Park por Sir Thomas Bertram. Ela cresce ali com seus quatro primos, Tom, Edmund,

Maria e Julia, mas é tratada como inferior a eles; só Edmund lhe devota uma verdadeira amabilidade, e, com o tempo, um doce amor se desenvolve entre eles. Com as crianças já crescidas, Sir Thomas, o inflexível patriarca, se afasta por um ano; nesse período, o elegante e mundano Henry Crawford e sua irmã Mary chegam à vila, e sua chegada desencadeia uma série de intrigas românticas. Os jovens decidem montar uma peça, *Lovers' Vows* [Juras de amor]; Edmund e Fanny incialmente se opõem ao plano, acreditando que Sir Thomas o desaprovaria. Edmund, com relutância, acaba por concordar em fazer o papel de Anhalt, amante da personagem vivida por Mary Crawford, a fim de evitar que os outros tragam alguém de fora para isso. Ao mesmo tempo que oferece a Mary e Edmund um meio para falarem de amor e casamento, a peça fornece um pretexto para Henry e Maria flertarem em público. Para a decepção de todos, Sir Thomas chega inesperadamente no meio de um ensaio, o que acaba com o plano.[7] Mas até esse ponto o que vemos é uma suposta ficção representando uma realidade que ninguém está disposto a reconhecer.

Frequentemente, numa narrativa, é apenas por meio de uma guinada semelhante em termos de perspectiva que compreendemos realmente do que trata a história. Muito mais que o famoso *WR: Mistérios do organismo*, um trabalho posterior, a obra-prima de Dušan Makavejev é *Inocência desprotegida* (1968), com sua singular estrutura de "um filme dentro de um filme". O herói é Dragoljub Aleksić, um envelhecido acrobata aéreo sérvio que realizava suas acrobacias pendurado em aviões e que, durante a ocupação da Sérvia pela Alemanha na época da guerra, filmou em Belgrado um melodrama ridiculamente sentimental com esse título. O filme de Makavejev inclui essa película em sua totalidade, acrescentando entrevistas com Aleksić e outras tomadas de documentário, e a chave para o filme é a relação entre esses dois níveis e a questão que colocam: de quem é a inocência desprotegida? O filme de Aleksić responde: a garota que ele salva das maquinações de sua malévola madrasta e do homem que esta lhe deseja impor como marido. Mas a verdadeira resposta é: a "inocência desprotegida" é a do próprio Aleksić, que persiste em suas perigosas acrobacias apesar da idade avançada, posando para a câmera, atuando e cantando, maltratado e ridicularizado pelos alemães e pelos comunistas no pós-guerra, e finalmente pela própria plateia do filme, que só pode rir de sua atuação ridiculamente ingênua. Quanto mais avança o filme de Makavejev, mais tomamos consciência do sofrimento implícito na fidelidade incondicional de Aleksić a sua missão acrobática. O que pode ser mais ridiculamente trágico do que ver um velho em seu porão pendurado pelos dentes a uma corrente e girando o torso para a câmera? Ele não está se expondo dessa maneira ao olhar do público em toda a sua inocência, sem meios de se proteger do ridículo? Essa guinada em nossa perspectiva, quando nos tornamos conscientes de que a verdadeira inocência a ser protegida é a de Aleksić, embora ele seja supostamente o herói, assinala o momento acontecimental do filme. É a exposição de uma realidade que ninguém queria admitir, mas que agora se tornou uma revelação e mudou o campo de jogo.

Em Hollywood, a mãe de todos os fotogramas é, evidentemente, a formação de um casal. É assim que a Wikipédia descreve a cena final de *Super 8*, filme de ficção científica de Steven Spielberg: "O filme termina com a nave estelar decolando rumo ao planeta natal da criatura, enquanto Joe e Alice ficam de mãos dadas." O casal se aproxima – é "criado" – quando a Coisa, a que Lacan se referiria como "o terceiro traumático", e que serviu como um ambíguo obstáculo à criação do casal, é finalmente derrotada e desaparece. O papel do obstáculo é ambíguo porque, embora este possa ser sinistro, é apesar disso necessário para, em primeiro lugar, aproximar o casal; é o desafio que devem enfrentar ou o obstáculo que devem superar a fim de perceberem que desejam ficar juntos.[8]

Como podemos desvalorizar essa estrutura narrativa que subordina o encontro com uma Coisa à formação de um casal? Tomemos o clássico romance de ficção científica *Solaris*, de Stanisław Lem, publicado em 1972, e sua versão cinematográfica de 1974, dirigida por Andrei Tarkovski. *Solaris* é a história do psicólogo de uma agência espacial, Kelvin, enviado a uma nave semiabandonada orbitando um planeta recém-descoberto, Solaris, onde nos últimos tempos têm acontecido coisas estranhas (cientistas enlouquecendo, entrando em alucinações, suicidando-se). Solaris é um planeta com uma fluida superfície oceânica que se move incessantemente e, de tempos em tempos, assume formas reconhecíveis – não apenas intrincadas estruturas geométricas, mas também gigantescos corpos de crianças ou edifícios realmente existentes. Embora fracassem todas as tentativas de se comunicar com o planeta, os cientistas sustentam a hipótese de que Solaris é um cérebro gigante que de alguma forma lê nossas mentes. Logo depois de sua chegada, Kelvin encontra a seu lado na cama sua falecida mulher, Harey, que anos antes, na Terra, se suicidara após ter sido abandonada por ele. Kelvin não consegue se livrar dela, todas as suas tentativas fracassando completamente (depois de ele enviá-la ao espaço num foguete, ela se rematerializa no dia seguinte); e a análise do tecido corporal de Harey mostra que ela não se compõe de átomos como seres humanos normais. Debaixo de um certo nível micro, não existe nada, apenas um vazio. Finalmente, Kelvin descobre que Solaris, esse cérebro gigante, materializa as fantasias mais profundas que sustentam nosso desejo; é uma máquina que materializa na realidade o objeto fantasístico absoluto que eu nunca estaria pronto a aceitar, embora toda a minha vida psíquica gire em torno dele. Harey é a materialização das mais profundas fantasias traumáticas de Kelvin.

Lida dessa forma, a história é realmente sobre a jornada interna do herói, sua tentativa de chegar a termos com sua verdade reprimida ou, como disse o próprio Tarkovski: "Talvez, efetivamente, a missão de Kelvin em Solaris tenha um só objetivo: mostrar que o amor do outro é indispensável a toda vida. Um homem sem amor não é mais um homem. O propósito de toda a 'solarística' é mostrar que humanidade deve ser amor." Em claro contraste com isso, o romance de Lem tem como foco a inerte pressão externa do planeta Solaris, dessa "Coisa que pensa" (para usar uma expressão de Kant que se encaixa perfeitamente aqui): a essência do romance é precisamente o fato de Solaris continuar sendo um Outro impenetrável, sem possibilidade de comunicação conosco. É verdade que ele nos devolve nossas fantasias íntimas rejeitadas, mas o "O que você deseja" além desse ato permanece rigorosamente impenetrável (por que ele faz isso? Como resposta puramente mecânica? Para jogar conosco jogos demoníacos? Para nos ajudar – ou nos forçar – a confrontar nossa verdade rejeitada?). Seria interessante comparar a obra de Tarkovski com a releitura comercial por Hollywood de romances que serviram de base para filmes:

Tarkovski faz exatamente o mesmo que o pior produtor de Hollywood, reimprimindo o enigmático encontro com a alteridade, a Coisa, no arcabouço da formação do casal.

A maneira de romper com o enquadramento de Hollywood é, assim, não tratar a coisa como apenas uma metáfora da tensão familiar, mas aceitá-la em sua absurda e impenetrável presença. Isso é o que ocorre em *Melancolia*, de Lars von Trier (2011), que apresenta uma interessante inversão dessa fórmula clássica de uma Coisa-objeto (um asteroide, um alienígena) que serve de obstáculo revigorante à criação do casal. No final do filme, a Coisa (um planeta em rota de colisão com a Terra) não se retrai, como em *Super 8*; ele atinge a Terra, destruindo todas as formas de vida, e o filme é sobre as diferentes maneiras como os principais personagens enfrentam a iminente catástrofe (com reações que variam do suicídio à aceitação cínica). O planeta é, assim, a Coisa – *das Ding* – em sua forma mais pura, como diria Heidegger: a Verdadeira Coisa que dissolve qualquer enquadramento simbólico – nós a vemos, é nossa morte, nada podemos fazer.[9] O filme começa com uma sequência introdutória, filmada em câmera lenta, envolvendo os personagens principais e imagens do espaço, que apresenta os motivos visuais. Uma tomada da perspectiva do espaço mostra um planeta gigante aproximando-se da Terra; os dois astros colidem. O filme prossegue em duas partes, cada qual com o nome de uma de duas irmãs, Justine e Claire.

Na primeira parte, "Justine", um jovem casal, Justine e Michael, está em sua recepção nupcial na mansão da irmã dela, Claire, e seu marido, John. A suntuosa festa vai da tardinha ao amanhecer com comidas, bebidas, danças e os conflitos comuns de família (a mãe de Justine, amarga, faz observações sarcásticas e comentários ofensivos, o que acaba resultando na tentativa de John de expulsá-la de sua propriedade; o chefe de Justine fica cercando-a, implorando que escreva para ele um texto publicitário). Justine se afasta da festa e se torna cada vez mais distante; faz sexo com um estranho no gramado e, ao final da recepção, Michael a abandona.

Na segunda parte, "Claire", Justine, doente e deprimida, passa a morar com Claire, John e o filho deles, Leo. Embora não consiga realizar atividades normais do dia a dia, como tomar banho ou até comer, Justine melhora com o tempo. Durante sua estada, Melancolia, um enorme planeta telúrico azul que se ocultava por trás do sol, torna-se visível no céu à medida que se aproxima da Terra. John, que é astrônomo amador, fica excitado com o planeta e aguarda ansioso pelo "desvio gravitacional" esperado pelos cientistas, os quais garantiram ao público que a Terra e Melancolia vão passar um pelo outro sem colidirem. Mas Claire está ficando com medo e acredita que o fim do mundo está próximo. Na internet, encontra um site que descreve os movimentos de Melancolia em torno da Terra como uma "dança da morte" em que a passagem de um pelo outro fará com que colidam logo depois. Na noite do desvio gravitacional, parece que Melancolia não vai atingir a Terra, mas logo depois o canto dos pássaros se interrompe abruptamente e no dia seguinte Claire percebe que Melancolia está circulando de volta e, no final, vai colidir com a Terra. John, que também descobre que o fim está próximo, comete suicídio com uma overdose de pílulas. Claire fica cada vez mais agitada, enquanto Justine permanece inalterada diante da catástrofe iminente: calma e calada, aceita o acontecimento vindouro, afirmando saber que não existe vida em nenhum outro lugar do universo. Ela consola Leo construindo uma "caverna mágica", um abrigo simbólico feito de galhos, no gramado da mansão. Justine, Claire e Leo entram no abrigo quando o outro planeta se aproxima. Claire continua agitada e temerosa, enquanto Justine e Leo permanecem calmos e de mãos dadas. Os três são instantaneamente incinerados quando ocorre a colisão, destruindo a Terra.

Essa narrativa é entremeada por numerosos detalhes engenhosos. Para acalmar Claire, John diz-lhe para observar Melancolia através de um círculo de arame que abrange exatamente seu formato circular no céu, e repetir a experiência dez minutos depois para ver que o tamanho diminuiu, deixando espaço na moldura – uma prova de que Melancolia estaria se afastando da Terra. Ela o faz e fica eufórica ao ver um formato menor. Entretanto, quando observa Melancolia através da moldura algumas horas depois, fica horrorizada ao perceber que o formato do planeta agora se expandiu muito além da moldura do círculo de arame. Esse é o círculo da fantasia enquadrando a realidade, e o choque vem quando a Coisa irrompe e se derrama sobre esta. Há também maravilhosos detalhes dos distúrbios que ocorrem na natureza quando Melancolia vai se aproximando da Terra: insetos, vermes, baratas e outras formas de vida repugnantes, geralmente ocultas debaixo da grama verde, emergem no solo, tornando visível o repulsivo rastejar da vida debaixo de uma superfície idílica – é o real invadindo a realidade, arruinando sua imagem. (Isso é semelhante ao filme *Veludo azul*, de David Lynch, em que, numa famosa tomada logo após o ataque cardíaco do pai, a câmera se move extremamente próxima da superfície da grama e então penetra nela, tornando visíveis as microformas de vida rastejantes, o repulsivo real debaixo da idílica superfície de um subúrbio.)[10]

A ideia de *Melancolia* originou-se numa sessão de terapia a que von Trier se submeteu durante um tratamento para depressão: o psiquiatra disse-lhe que, sob extrema pressão ou ameaça de catástrofe, pessoas depressivas tendem a agir com mais calma do que as outras – já esperam que coisas ruins aconteçam. Esse fato oferece mais um exemplo da cisão entre a realidade – o universo social de costumes e opiniões convencionais em que vivemos – e a brutalidade traumática e absurda do real: no filme, John é um "realista", totalmente imerso numa realidade habitual, de modo que, quando as coordenadas dessa realidade se dissolvem, todo o seu mundo entra em colapso; Claire é uma histérica que começa a questionar tudo num acesso de pânico, mas ainda assim evita um colapso psicótico total; e a depressiva Justine continua agindo como de costume porque já está vivendo numa fuga melancólica da realidade.

O filme apresenta quatro atitudes subjetivas em relação a esse acontecimento final (a Coisa-planeta atingindo a Terra), tal como Lacan as entenderia. John, o marido, é a encarnação do *conhecimento acadêmico*, que entra em colapso em seu encontro com o real; Leo, o filho, é o querubínico *objeto-causa do desejo* dos outros três; Claire é a mulher *histérica*, o único sujeito pleno do filme (na medida em que subjetividade significa dúvidas, questionamento, incoerência); e isso, surpreendentemente, leva Justine à posição de um *mestre*, o único que estabiliza uma situação de pânico e caos ao introduzir um novo significante-mestre, que traz ordem a uma situação confusa, conferindo-lhe a estabilidade do significado. O significante-mestre de Justine é a "caverna mágica" que ela constrói para estabelecer um espaço protegido quando a Coisa se aproxima. Deve-se ter muito cuidado aqui: Justine não é um mestre protetor que oferece uma bela mentira – em outras palavras, ela não é o personagem de Roberto Benigni em *A vida é bela*.[11] O que ela provê é uma ficção simbólica que, evidentemente, não tem eficácia mágica, mas funciona em determinado nível para evitar o pânico. O objetivo de Justine não é nos cegar em relação à iminente catástrofe: a "caverna mágica" nos habilita a aceitar prazerosamente o fim. Não há nada de mórbido nisso; tal aceitação é, pelo contrário, o pano de fundo necessário de um engajamento social concreto.[12] Justine é, assim, a única pessoa capaz de propor uma resposta apropriada à catástrofe iminente, assim como à obliteração plena de todo enquadramento simbólico.

Para assimilar adequadamente a aceitação desse fim radical, deve-se arriscar uma comparação entre *Melancolia*, de Trier, e *A árvore da vida*, de Terrence Malick (lançado no mesmo ano). Em ambos os filmes a história envolve os mesmos dois níveis: trauma familiar versus catástrofe cósmica. Embora não se possa evitar a repulsa em relação à excessiva espiritualidade de *A árvore da vida*, o filme tem alguns momentos interessantes.[13] Ele abre com uma citação do Livro de Jó, a resposta de Deus à queixa de Jó sobre todos os infortúnios que o atingiram: "Onde estavas tu, quando eu fundava a terra ... Quando as estrelas da alva juntas alegremente cantavam?" (38:4,7). Essas palavras obviamente se referem à família O'Brien, que se vê numa posição semelhante à de Jó ao sofrer uma catástrofe imerecida: no início de *A árvore da vida*, a sra. O'Brien recebe um telegrama informando-a da morte do filho, RL, com dezenove anos de idade; o sr. O'Brien também é notificado por telefone, quando está num aeroporto, e a família é lançada numa turbulência. Como devemos interpretar essa série de perguntas retóricas oferecidas por Deus em resposta à pergunta de Jó sobre o motivo dos infortúnios que o atingiram? Similarmente, como devemos entender a tragédia que recai sobre os O'Brien? Em sua resenha do filme, David Wolpe aponta a ambiguidade da resposta de Deus:

> A descrição por Deus das maravilhas da natureza pode ser vista de duas maneiras. Uma possibilidade é que a imensidão do mundo natural, em sua inclemente indiferença, nada tem a ver com as preocupações dos seres humanos. O deserto não liga quando você chora, assim como o jorro da catarata não vai parar por piedade. A natureza nos mostra sua face inexpressiva e grandiosa, e nós não somos nada. Com efeito, Jó contradiz seu protesto, afirmando que "eu sou apenas poeira e cinzas" ... Mas gradualmente vemos que cada imagem, da célula ao cosmo, é não apenas grandiosa, mas bela. A segunda metade da citação de Jó, como cantam as estrelas da alva, lembra-nos de que a apreciação da maravilha e da beleza também é possível. Podemos perder nosso eu na indiferença da natureza, mas também podemos perdê-lo em sua magnificência. Nós vemos o mundo como insensível ou sublime? O drama de nossa vida e morte se desenrola com rapidez, mas é encenado num palco inigualavelmente maravilhoso.[14]

A leitura mais radical do Livro de Jó foi proposta na década de 1930 pelo teólogo norueguês Peter Wessel Zapffe, que acentuou a "imensurável perplexidade" de Jó quando o próprio Deus finalmente aparece diante dele: esperando um Deus sagrado e puro cujo intelecto é infinitamente superior ao nosso,

Jó "vê-se confrontado com um governador do mundo de um primitivismo grotesco, um cósmico habitante das cavernas, um falastrão e fanfarrão, quase agradável em sua total ignorância da cultura espiritual ... O que é novo para Jó *não* é a grandeza de Deus em termos quantificáveis; disso ele já tinha pleno conhecimento ... a novidade é sua baixeza qualitativa".[15] Em outras palavras, Deus – o Deus do real – é *das Ding*, um mestre cruel e impulsivo que simplesmente não tem um senso de justiça universal. Assim, como *A árvore da vida* se situa com respeito a essas interpretações?

Malick se baseia no elo entre trauma e fantasia: uma das possíveis reações ao trauma é a fuga para a fantasia, ou seja, imaginar o mundo em si mesmo, fora de nosso horizonte subjetivo. Ele nos mostra o universo em formação, incluindo a Via Láctea e o Sistema Solar. Vozes apresentam diversas questões existenciais. Na Terra recém-formada, vulcões entram em erupção e micróbios começam a se formar. Mostra-se a vida marinha inicial, depois plantas sobre a terra, depois dinossauros. Visto do espaço, um asteroide atinge a Terra... Essa lógica recentemente alcançou o clímax no livro de Alan Weisman *O mundo sem nós*, uma visão do que teria acontecido se a humanidade (e *apenas* ela) subitamente desaparecesse da Terra – a diversidade natural mais uma vez florescendo, a natureza superando aos poucos os artefatos humanos. Ao imaginar o mundo sem a nossa presença, nós humanos somos reduzidos a um simples olhar desencarnado observando nossa própria ausência, e, como apontou Lacan, essa é a posição subjetiva fundamental da fantasia: observar o mundo na condição da inexistência do sujeito (a fantasia de testemunhar o ato de sua própria concepção, a cópula dos pais, ou o próprio enterro, como Tom Sawyer e Huck Finn). *O mundo sem nós* é, assim, a fantasia em sua forma mais pura: testemunhar a própria Terra recuperando seu estado pré-castrado de inocência, antes de nós humanos a estragarmos com nossos dejetos.

Assim, enquanto *A árvore da vida* se evade para uma fantasia cósmica semelhante a um mundo sem nós, *Melancolia* não faz o mesmo. Não imagina o fim do mundo para fugir do impasse familiar: Justine é realmente melancólica, desprovida de um olhar fantasístico. Quer dizer, a melancolia não é, em sua forma mais radical, o fracasso da atividade do lamento, o apego persistente ao objeto perdido, mas seu exato oposto: "a melancolia oferece o paradoxo de uma intenção de enlutar que precede e antevê a perda do objeto".[16] Aí reside o estratagema da melancolia: a única forma de possuirmos um objeto que nunca tivemos, que estava perdido desde o princípio, é tratar um objeto que ainda possuímos plenamente como se já estivesse perdido. É isso que dá um sabor singular a uma relação de amor melancólica, tal como aquela entre Newland e a condessa Olenska em *A época da inocência*, de Wharton: embora os parceiros ainda estejam juntos, imensamente apaixonados, usufruindo da presença um do outro, a sombra da futura separação já atinge seu relacionamento, de modo que eles percebem seus atuais prazeres sob a égide da catástrofe (separação) que está por vir. Nesse exato sentido, a melancolia é efetivamente o começo da filosofia – e, nesse exato sentido, Justine de *Melancolia não* é melancólica: sua perda é a perda absoluta, o fim do mundo, e o que ela pranteia antecipadamente é essa perda absoluta – ela vive literalmente no fim dos tempos. Quando a catástrofe era apenas uma ameaça, ela era apenas uma pessoa melancólica, deprimida; quando a ameaça se concretiza, ela se encontra em seu elemento.

E aqui chegamos ao limite do *evento como elemento reestruturante*: em *Melancolia*, o acontecimento não é mais uma simples *mudança* de enquadramento, mas *a destruição do enquadramento como tal*, ou seja, o desaparecimento da humanidade, o suporte material de todo enquadramento. Mas seria essa destruição total a única forma de alcançar uma distância do enquadramento que regula nosso acesso à realidade? O nome psicanalítico desse enquadramento é fantasia, de modo que a pergunta pode também ser apresentada em termos de fantasia: podemos alcançar uma distância em relação a nossa fantasia fundamental, ou, como Lacan o exprime, podemos atravessar nossa fantasia?

O conceito de fantasia precisa ser aqui mais elaborado. A sabedoria convencional nos diz que, segundo a psicanálise, não importa o que façamos, estamos secretamente pensando NAQUILO. O sexo é a referência universal oculta por trás de qualquer atividade. Entretanto a verdadeira questão freudiana é: o que pensamos quando *estamos* fazendo AQUILO? É o próprio sexo real que, para ser palatável, precisa ser sustentado por alguma fantasia. A lógica aqui é a mesma de uma tribo de nativos americanos cujos membros descobriram que todos os sonhos têm um significado sexual oculto – todos menos aqueles abertamente sexuais; aqui, precisamente, deve-se procurar outro significado. Qualquer contato com um outro "real", de carne e osso, qualquer prazer sexual que possamos sentir ao tocar *outro* ser humano, não é evidente, mas algo inerentemente traumático – destruidor, intrusivo, potencialmente nojento – para o sujeito, algo que só pode ser sustentado desde que esse outro se insira no arcabouço de fantasia do sujeito.

Assim, o que é fantasia? A fantasia não realiza simplesmente um desejo de maneira alucinatória; em vez disso, constitui nosso desejo, fornece suas coordenadas – literalmente *nos ensina como desejar*. Em termos um tanto simplificados: fantasia não significa que, quando desejo uma torta de morangos e não posso consegui-la na realidade, fantasio sobre comê-la; o problema é, em vez disso: *como é que eu sei, para começo de conversa, que desejo uma torta de morangos?* Isso é o que a fantasia me diz. Esse papel da fantasia conecta-se com o fato de, como diria Lacan, não existir uma fórmula ou matriz universal que garanta a alguém uma relação sexual harmoniosa com seu parceiro: cada sujeito tem de inventar uma fantasia própria, uma fórmula "privada" para a relação sexual.

O tema da fantasia que sustenta uma relação sexual dá uma guinada estranha em *Não matarás* [*Broken Lullaby*], de Ernst Lubitsch. O título original do filme, *The Man I Killed* [O homem que matei], foi primeiro alterado para *The Fifth Commandment* [O Quinto Mandamento], para não deixar "impressões equivocadas entre o público sobre o caráter da história". Assombrado pela memória de Walter Holderlin, um soldado que matou durante a Grande Guerra, Paul Renard, músico francês, viaja à Alemanha para encontrar a família dele, usando o endereço que viu numa carta encontrada sobre o corpo do morto. Como o sentimento antifrancês continua permeando a Alemanha, o dr. Holderlin inicialmente se recusa a receber Paul em sua casa, mas muda de ideia quando a noiva de seu filho morto, Elsa, o identifica como o homem que tem depositado flores sobre o túmulo de Walter. Em vez de revelar a verdadeira conexão entre ambos, Paul diz à família de Holderlin que era amigo de seu filho, o qual frequentava o mesmo conservatório de música que ele. Embora as pessoas da cidade e as fofocas locais o desaprovem, os Holderlin se tornam amigos de Paul, que se apaixona por Elsa. Quando ela mostra a Paul o quarto de seu antigo noivo, ele fica consternado e lhe conta a verdade. Ela o convence a não confessar aos pais de Walter, que o acolheram como um segundo filho, e Paul concorda em se calar, aliviando a consciência, e permanece com a família adotiva. O dr. Holderlin dá de presente a Paul o violino de Walter. Na cena final do filme, Paul toca o violino enquanto Elsa o acompanha ao piano, ambos observados pelo casal de pais com olhares amorosos... Não admira que a crítica musical Pauline Kael tenha rejeitado o filme, afirmando que Lubitsch "confundiu a banalidade insípida, sentimental, com uma tragédia irônica e poética".[17] Há aqui algo efetivamente perturbador, uma estranha oscilação entre melodrama poético e humor obsceno. O casal (a garota e o assassino de seu noivo anterior) está prazerosamente unido sob o olhar benevolente dos pais do noivo assassinado – e é esse olhar que fornece o enquadramento de fantasia à sua relação.

Na medida em que a fantasia fornece o enquadramento que nos possibilita vivenciar o real de nossas vidas como um Todo significativo, a desintegração da fantasia pode ter consequências desastrosas. Uma perda do enquadramento fantasístico é frequentemente vivenciada no meio de uma atividade sexual intensa – alguém está apaixonadamente envolvido no ato quando, de repente, como que perde contato, desconecta-se, começa a observar a si mesmo a partir de fora e se torna consciente da insensatez mecânica de seus movimentos repetitivos. Em tais momentos, o enquadramento fantasístico que sustentava a intensidade do prazer se desintegra, e somos confrontados pelo real ridículo de uma cópula.[18]

O que a psicanálise visa não é a essa desintegração da fantasia, mas a algo diferente e muito mais radical, a *travessia* da fantasia.

E embora possa parecer óbvio que a psicanálise deveria libertar-nos do jugo das fantasias idiossincráticas e possibilitar-nos confrontar a realidade tal como ela é, é exatamente isso que Lacan *não* tem em mente: transpor a fantasia não significa simplesmente sair dela, mas esmagar seus alicerces, aceitar sua inconsistência. Em nossa existência cotidiana, ficamos imersos na "realidade", estruturada e sustentada pela fantasia, mas essa própria imersão nos torna cegos ao arcabouço da fantasia que sustenta nosso acesso à realidade. "Fazer a travessia da fantasia", portanto, significa, paradoxalmente, *identificar-se plenamente com a fantasia*, revelar a fantasia – na sucinta formulação de Richard Boothby:

> "Fazer a travessia da fantasia", assim, não significa que o sujeito abandone, de alguma forma, seu envolvimento com os caprichos fantasiosos e se acomode a uma "realidade" pragmática, mas precisamente o oposto: o sujeito é submetido ao efeito da falta simbólica que revela o limite da realidade cotidiana. Fazer a travessia da fantasia, no sentido lacaniano, é ser mais profundamente postulado pela fantasia do que nunca, no sentido de ser levado a uma relação cada vez mais íntima com o verdadeiro cerne da fantasia que transcende a representação.[19]

Como devemos interpretar esse paradoxo de fazer a travessia da fantasia superidentificando-se com ela? Vamos fazer um circuito através de dois filmes exemplares: *Traídos pelo desejo* (1992), de Neil Jordan, e *M. Butterfly* (1993), de David Cronenberg. Apesar de apresentarem personagens fundamentalmente diferentes, os dois filmes narram a história de um homem apaixonado por uma bela mulher que na verdade é um homem vestido como tal (o travesti de *Traídos pelo desejo* e o cantor de ópera em *M. Butterfly*), e a cena central de ambos é o confronto traumático do homem com o fato de o objeto de seu amor ser também um homem. Aqui, evidentemente, uma óbvia objeção nos aguarda: será que *M. Butterfly* não oferece um tragicômico pacote de fantasias masculinas sobre mulheres, e não uma verdadeira relação com uma mulher? Toda a ação do filme tem lugar entre homens. Será que a grotesca incredibilidade do roteiro não mascara e aponta, simultaneamente, o fato de estarmos lidando com um caso de amor homossexual por um travesti? O filme é simplesmente desonesto, e se recusa a reconhecer esse fato óbvio. Essa elucidação, contudo, não consegue abordar o verdadeiro enigma de *M. Butterfly* (e de *Traídos pelo desejo*): como pode um amor impossível entre o herói e seu parceiro, um homem vestido de mulher, consumar a noção de amor heterossexual de modo mais autêntico do que uma relação "normal" com uma mulher? Ou, no que se refere a *Traídos pelo desejo*: por que é tão traumático o confronto com o corpo do amante? Não porque o sujeito se defronte com algo estranho, mas porque se confronta ali com a fantasia essencial que sustenta seu desejo. O amor "heterossexual" por uma mulher é na verdade homossexual, sustentado pela fantasia de que a mulher é um homem vestido como tal. Aqui podemos ver o que fazer a travessia da fantasia pode significar: não penetrar nela e perceber a realidade que ela ofusca, mas confrontá-la diretamente como tal. Quando fazemos isso, seu domínio sobre nós é suspenso – por quê? Porque a fantasia só se mantém operante enquanto funciona como o pano de fundo transparente de nossa experiência – a fantasia é como um sujo segredo íntimo que não pode sobreviver à exposição pública.

Isso nos leva a Heidegger: quando ele fala da "essência da técnica", o que tem em mente é algo como o arcabouço de uma fantasia fundamental que, como um pano de fundo transparente, estrutura a maneira como relatamos a realidade. *Gestell*, a palavra usada por Heidegger para denominar a essência da técnica, é geralmente traduzida como "enquadrar". Em seu sentido mais radical, técnica não designa uma complexa rede de máquinas e atividades, mas a *atitude em relação à realidade* que assumimos ao nos envolvermos nessas atividades: a técnica é a forma como a realidade se revela a nós no período contemporâneo. O paradoxo da técnica como momento final da metafísica ocidental é que ela é um modo de enquadramento que apresenta um perigo de enquadrar a si próprio: o ser humano reduzido a um objeto de manipulação técnica não é mais propriamente humano; ele perde a própria característica de ser extaticamente aberto à realidade. Mas esse perigo também contém o potencial para a salvação: no momento em que nos tornamos conscientes e assumimos plenamente o fato de que a técnica em si é, em sua essência, um modo de enquadramento, nós a superamos – é essa a versão de Heidegger de travessia da fantasia.

E isso então nos leva à noção de Heidegger de acontecimento (*Ereignis*): para Heidegger, acontecimento nada tem a ver com os processos que ocorrem lá fora na realidade. Acontecimento designa uma nova revelação esporádica do ser, a emergência de um novo "mundo" (um horizonte de significado no interior do qual todas as entidades aparecem). A catástrofe, assim, ocorre antes do (f)ato: catástrofe não é a autodestruição atômica da humanidade, mas a relação com a natureza que a reduz a sua exploração tecnocientífica. Catástrofe não é a nossa ruína ecológica, mas a perda de raízes domésticas que possibilita a implacável exploração da terra. Catástrofe não é sermos reduzidos a autômatos manipulados pela biogenética, mas a própria abordagem que torna possível essa expectativa. Mesmo a possibilidade de uma autodestruição total é apenas consequência de nos relacionarmos com a natureza como uma coleção de objetos de exploração tecnológica. Isso nos leva a nossa próxima parada: do acontecimento como algo que enquadra – como uma guinada em nossa relação com a realidade – para o acontecimento como uma mudança radical dessa realidade em si.

SEGUNDA PARADA

Felix culpa

NAQUELE QUE É indiscutivelmente o maior diálogo de Platão, *Parmênides*, o personagem-título levanta questão que deixa Sócrates perplexo e o força a admitir sua limitação: será que também existem ideias das coisas materiais mais básicas, ideias de fezes, de poeira? Haveria um *eidos* – uma forma ideal eterna – para "coisas que podem parecer absurdas, como cabelo, lama e sujeira, ou qualquer outra coisa totalmente desprezível e vil?" (130c). O que espreita por trás dessa pergunta não é apenas o fato constrangedor de que a nobre noção de forma poderia também ser aplicada a objetos escatológicos, mas um paradoxo muito mais preciso que Platão aborda em seu *Político* (262a-263a), em que faz uma afirmação crucial: as divisões (de um gênero em espécies) devem ser feitas nas articulações adequadas. Por exemplo, é um erro dividir o gênero de todos os seres humanos em gregos e bárbaros: "bárbaro" não é uma forma adequada porque não designa um grupo positivamente definido (uma espécie), mas meramente todas as pessoas que não são gregas. A positividade do termo "bárbaro", assim, anula o fato de ele servir de recipiente para todos aqueles que não se adéquam à forma "grego". Mas e se isso for válido para todas as divisões de gêneros em espécies? E se todo gênero, para ser totalmente dividido em espécies, tiver de incluir uma pseudoespécie negativa como essa, uma "parte de parte alguma" de si mesmo? Todos os que pertencem ao gênero, mas não são cobertos por nenhuma de suas espécies? Se isso parece abstrato, relembremos os numerosos exemplos fornecidos pela história da ciência, do imaginário elemento de combustão denominado flogisto (um pseudoconceito que apenas revelava a ignorância dos cientistas quanto ao modo como a luz efetivamente viaja) ao "modo de produção asiático" de Marx – outro tipo de recipiente negativo: o único conteúdo verdadeiro desse conceito seria algo como "todos os modos de produção que não se encaixam na categorização de Marx dos modos de produção". Ou seja, como Marx chegou a esse conceito? Primeiramente ele articulou a série eurocêntrica de modos de produção progressivos: sociedade tribal pré-classes, escravidão antiga, feudalismo, capitalismo, comunismo; em seguida, após observar que muitas sociedades antigas, da China ao Egito e ao império inca, não se encaixavam em nenhum desses modos, construiu uma nova categoria – "modos de produção asiáticos" – que parece ser um conceito consistente, mas é na verdade apenas um recipiente vazio para esses elementos desajustados.

Assim, que tem a ver esse conceito extra, que confunde a precisão da classificação racional da divisão do gênero em espécies, com o tema do acontecimento? Ou, mais especificamente, com o acontecimento como *culpa*, queda? Tudo. Em princípio, podemos distinguir entre uma estrutura racional, uma classificação atemporal de uma totalidade em suas espécies e subespécies, e sua concretização temporal imperfeita na realidade material contingente. Pode haver excessos nas duas direções – pode haver possibilidades formais que não são concretizadas, buracos vazios numa estrutura (digamos, há quatro tipos de casas logicamente possíveis, mas, por motivos contingentes, só três deles são realmente construídos), ou pode haver uma abundância de formações empíricas que não se ajustam a nenhuma das categorias admitidas pela classificação. Entretanto o paradoxal recipiente negativo é algo bem diferente desses dois casos: ele representa dentro da estrutura de classificação, como um de seus elementos, aquilo que escapa a essa estrutura, ou seja, é o ponto de inscrição da contingência histórica numa estrutura formal, o ponto em que esta, por assim dizer, se inclui em seu conteúdo, na realidade contingente. E, na medida em que a estrutura formal é em si mesma atemporal, enquanto o nível da realidade contingente é acontecimental – ou seja, o domínio de acontecimentos contingentes, da mudança, geração e corrupção constantes –, o recipiente negativo é também o ponto em que o acontecimento intervém (ou é inscrito) na estrutura formal. O lugar desse elemento excedente, excessivo, pode ser discernido mediante o desequilíbrio entre o universal e o particular – eis aqui seu mais famoso exemplo, a imortal divisão da humanidade proposta por Søren Kierkegaard (1813-55), teólogo e filósofo dinamarquês, em 1843:

> Um brincalhão poderia dividir a humanidade em funcionários, criadas e limpadores de chaminés. A mim esta opinião não é apenas jocosa, mas profunda, e seria necessário um grande talento especulativo para imaginar uma classificação melhor. Quando uma classificação não esgota idealmente seu objeto, uma classificação arbitrária é geralmente preferível, pois coloca em movimento a imaginação.[20]

É verdade, o elemento limpador de chaminés é um complemento especial que fornece a coloração específica dos termos precedentes (o que eles "realmente significam" na totalidade histórica concreta); entretanto isso não deve ser lido como se o elemento limpador de chaminés representasse um toque de bom-senso, como na conhecida expressão de Heinrich Heine (contemporâneo de Kierkegaard) de que se deveria valorizar acima de tudo "a liberdade, a igualdade e a sopa de siri". "Sopa de siri" representa aqui todos os pequenos prazeres na ausência dos quais nos tornamos (mentalmente, se não na prática) terroristas, seguindo uma ideia abstrata e aplicando-a à realidade sem considerar em absoluto as circunstâncias concretas. Deveríamos enfatizar aqui que essa "sabedoria" é precisamente o que Kierkegaard *não* tinha em mente – sua mensagem é a oposta: o princípio em si, em sua pureza, já está colorido pela particularidade da sopa de siri, ou seja, a particularidade sustenta a própria pureza do princípio.

O elemento excessivo é, assim, um completo dos dois, da dupla harmoniosa, *yin* e *yang*, das duas classes etc.; por exemplo, o capitalista, o trabalhador *e o judeu*; ou talvez classe alta, classe baixa *e ralé*.[21] (Na tríade funcionário, criada e limpador de chaminés, este último pode ser efetivamente percebido como o *Liebesstoerer* de Freud, o intruso obsceno que interrompe o casal durante o ato sexual. Com efeito, vamos para o final e imaginemos a obscenidade maior: um ato sexual entre o funcionário e a criada, com o limpador de chaminés intervindo posteriormente por meio de uma ação de contracepção atrasada, limpando o "tubo" da mulher com sua escova.)[22]

O excesso do universal sobre suas particularidades reais aponta, assim, para um estranho elemento particular excessivo, como na conhecida observação de G.K. Chesterton dirigida a "meus leitores, a maioria dos quais são humanos" – ou, como um famoso jogador de futebol afirmou após uma partida importante: "Minha gratidão vai para meus pais, especialmente minha mãe e meu pai." Quem é então o outro genitor, o terceiro, nem mãe nem pai? Walter Benjamin tangenciou algo similar no ensaio esotérico, escrito em sua fase inicial, intitulado "Sobre a linguagem geral e sobre a linguagem humana":[23] sua proposta não é que a linguagem em si deva ser dividida em muitas espécies – dos humanos, dos animais, da genética etc. Só existe realmente uma única linguagem, a linguagem humana, e a tensão entre a linguagem em sua universalidade ("em si") e em sua particularidade real (a linguagem efetivamente falada pelos seres humanos) inscreve-se na linguagem dos humanos, fissurando-a a partir de dentro. Em outras palavras, mesmo que só exista uma linguagem, ainda assim precisamos estabelecer uma distinção entre o universal (a linguagem em si) e o particular (a linguagem humana) – trata-se de um gênero com apenas uma espécie, ela própria como uma linguagem particular real. Isso nos traz de volta à noção de queda: a expressão "linguagem humana" designa a queda da divina "linguagem em si", sua contaminação por toda a sujeira da inveja, da luta pelo poder e da obscenidade. E é fácil perceber em que sentido essa queda é acontecimental: nela, a estrutura eterna da linguagem divina vem a ser integrada ao fluxo acontecimental da história humana.

Isso nos leva à teologia e, mais precisamente, ao tema teológico da queda. Como deixou claro Kierkegaard, teólogo e filósofo dinamarquês, o cristianismo é a primeira e única religião do acontecimento: o único acesso ao absoluto (Deus) se dá pela aceitação do acontecimento singular da encarnação como ocorrência histórica extraordinária. É por essa razão que Kierkegaard afirma que isso é Cristo versus Sócrates: Sócrates representa a reminiscência, a redescoberta da realidade superior das ideias que estão sempre prontas em nós, enquanto Cristo anuncia a "boa-nova" de um rompimento radical. Esse é *o acontecimento como ruptura no curso normal das coisas*, como o milagre da "ascensão de Cristo". Entretanto não devemos tomar a ressurreição como algo que acontece *após* a morte de Cristo, mas como a antítese da própria morte – Cristo está vivo como o Espírito Santo, como o amor que une a comunidade dos crentes.[24] Em suma, "a ascensão de Cristo" significa, com efeito, exatamente o mesmo que "a queda de Cristo": em outras religiões, o homem cai em relação a Deus (na pecaminosa vida terrestre); só no cristianismo é que o próprio Deus cai. Mas como? De onde? A única possibilidade é: de si mesmo sobre sua própria criação.[25]

Dito em termos místicos, o acontecimento cristão é o exato oposto de um "retorno à inocência": é o pecado original em si, a escolha primordial, patológica, da conexão incondicional com um objeto singular (como apaixonar-se por uma pessoa que, a partir daí, passa a importar mais que qualquer outra coisa). Essa escolha é patológica por ser literalmente enviesada: ela destrói a indiferença precedente; introduz a divisão, a dor e o sofrimento. Em termos budistas, um acontecimento cristão é o exato anverso estrutural da iluminação, de se atingir o nirvana: é o próprio gesto por meio do qual surgem no mundo a dissimulação e o sofrimento. O acontecimento cristão da "encarnação" é, assim, nem tanto o momento em que a realidade temporal comum tangencia a eternidade, mas aquele em que a eternidade tangencia o tempo. Chesterton percebeu isso claramente e rejeitou a convencional afirmação sobre a "pretensa identidade espiritual do budismo e do cristianismo":

> Amor requer personalidade; portanto, amor requer divisão. É do instinto do cristianismo satisfazer-se com o fato de Deus ter fragmentado o universo em pequenos pedaços ... Esse é o abismo intelectual entre budismo e cristianismo; que para o budista ou teosofista a personalidade seja a queda do homem, enquanto para o cristão seja o propósito de Deus, a culminação de sua ideia cósmica. A palavra-alma dos teosofistas pede ao homem que a ame apenas para que este possa projetar-se nela. Mas o centro divino do cristianismo realmente lançou o homem para fora de si a fim de que este pudesse amá-lo ... todos os filósofos modernos são cadeias que se conectam e se aferrolham; o cristianismo é uma espada que separa e liberta. Nenhuma outra filosofia faz com que Deus realmente fique exultante com a separação do universo em almas vivas.[26]

As consequências dessa prioridade da queda são inesperadas e duras – se a queda é a condição do bem e, como tal, uma "queda feliz" (*felix culpa*), então o agente da queda (Eva, a mulher que seduziu Adão, levando-o ao pecado) é o agente ético original. Traços de misoginia na tradução cristã não deveriam, assim, nos enganar – vistos mais de perto, revelam-se profundamente ambíguos. Eis aqui Tertuliano, um pensador do início do cristianismo, no pior de sua misoginia, endereçando-se às mulheres:

> Sabem que *cada uma de vocês* é uma Eva? A sentença de Deus sobre esse sexo de vocês vive nesta era: a culpa também deve necessariamente viver. Vocês são o portal do demônio: são as

que violaram a árvore (proibida): são as primeiras infratoras da lei divina: são as que persuadiram aquele a quem o demônio não era suficientemente valente para atacar. Vocês destruíram tão facilmente a imagem de Deus, homem *Adão*. Em função daquilo que vocês merecem – ou seja, a morte –, até o Filho de Deus teve de morrer.[27]

Mas a última linha não é profundamente ambígua? Essa ambiguidade é semelhante àquela que encontramos no outono de 2006, quando o xeque Taj el-Din al-Hilali, o mais antigo clérigo islâmico da Austrália, causou um escândalo ao dizer, depois de um grupo de homens muçulmanos ir para a cadeia por estupro coletivo: "Se você pega um pedaço de carne fora da embalagem e o coloca na rua ... e os gatos chegam e comem ... de quem é a culpa – dos gatos ou da carne sem embalagem? A carne sem embalagem é o problema." A natureza explosiva dessa comparação entre uma mulher sem véu e um pedaço de carne crua, fora da embalagem, afasta a atenção de uma outra premissa, muito mais surpreendente, subjacente ao argumento do xeque Hilali: se as mulheres devem ser responsabilizadas pela conduta sexual dos homens, será que isso não implica que os homens são totalmente indefesos diante do que percebem como uma provocação sexual, totalmente escravizados por sua fome de sexo, precisamente como um gato ao ver carne crua? Em outras palavras, não implica que estupradores brutais ajam como se ainda estivessem no paraíso, além do bem e do mal? Similarmente, não seria Eva o único verdadeiro parceiro de Deus na questão da queda? O ato (a catastrófica decisão) é dela: ela abre o caminho que leva ao reconhecimento da diferença entre o bem e o mal (que é consequência da queda) e à vergonha de estar nu – em suma, o caminho que leva ao universo humano. Tudo que se deve fazer aqui para apreender a verdadeira situação é ter em mente a advertência (bastante óbvia) de Hegel: a inocência do "paraíso" é outro nome para vida animal, de modo que o que a Bíblia chama de "queda" nada mais é que a passagem da vida animal à existência humana propriamente dita. É, assim, a própria queda que cria a dimensão a partir da qual ela é a queda – ou, como afirmou Santo Agostinho muito tempo atrás (em seu *Enchiridion*, xxvii): "Deus achou melhor extrair o bem do mal do que permitir que nenhum mal exista."

Deve-se ter cuidado aqui para não sucumbir a uma interpretação perversa da prioridade da queda – o que, exatamente, significa perversão nesse contexto? Um curto-circuito em que eu mesmo provoco o mal de modo a poder superá-lo por minha luta pelo bem, como a governanta louca do conto "The Heroine", de Patricia Highsmith, que põe fogo na casa da família para poder provar sua devoção a esta salvando corajosamente as crianças do violento incêndio. O exemplo mais radical de uma interpretação perversa desse tipo foi fornecido por Nicolas Malebranche (1638-1715), o grande católico cartesiano que foi excomungado após a morte e teve seus livros destruídos em função de sua ortodoxia excessiva. Malebranche pôs as cartas na mesa e "revelou o segredo" da cristandade: sua cristologia é baseada numa resposta à pergunta "Por que Deus criou o mundo?" – para usufruir a glória de ser celebrado por Sua criação. Deus queria reconhecimento e sabia que, para eu ser reconhecido, preciso de um outro sujeito que me reconheça; assim, Ele criou o mundo por pura vaidade egoísta.

Consequentemente, não foi Cristo que desceu à Terra para livrar as pessoas do pecado, da herança da queda de Adão; pelo contrário, *Adão teve de cair para possibilitar que Cristo descesse à Terra e proporcionasse a salvação*. Malebranche aplica aqui ao próprio Deus o insight "psicológico" que nos diz que a figura divina que se sacrifica em benefício dos outros, para livrá-los da miséria, secretamente *deseja* que os outros sofram *de modo a ser capaz de ajudá-los* – como o notório marido que trabalha o dia inteiro por sua pobre mulher deficiente, mas que provavelmente a abandonaria se ela pudesse recuperar a saúde e se tornar uma mulher com uma carreira bem-sucedida. É muito mais satisfatório sacrificar-se por uma pobre vítima do que ajudar o outro a abandonar essa condição e talvez alcançar mais sucesso que nós mesmos... Malebranche leva esse paralelo a sua conclusão, para o horror dos jesuítas que promoveram sua excomunhão. Deus também, em última instância, *ama apenas a si mesmo*, e somente usa o homem para proclamar Sua própria glória. Não é verdade que, se Cristo não tivesse vindo à Terra para salvar a humanidade, todos estariam perdidos – pelo contrário; *ninguém* estaria perdido, ou seja, *todos* os seres humanos precisavam cair para que Cristo pudesse vir e salvar *alguns* deles. A conclusão de Malebranche aqui é demolidora: se a morte de Cristo é um passo-chave na realização do objetivo da criação, nenhum momento foi tão feliz para Deus (o pai) quanto aquele em que observou o sofrimento de Seu filho e a morte deste na Cruz.

A única forma de verdadeiramente evitar essa perversão é aceitar plenamente que a queda é, na verdade, o ponto de partida que cria, em primeiro lugar, as condições para a salvação: não existe nada anterior à queda que sofremos, a própria queda cria aquilo de que caímos. Tal posição abre espaço à justificativa do mal: se sabemos que o mal é apenas um desvio necessário no caminho que leva ao triunfo final do bem, então, evidentemente, estamos justificados ao nos envolvermos com o mal como forma de atingir o bem. Entretanto não há razão na História cujo plano divino possa justificar o mal; o bem que pode vir do mal é apenas um subproduto contingente. Podemos dizer que o resultado final da Alemanha nazista e sua derrota foi a ascensão de padrões éticos muito mais elevados em matéria de direitos humanos e justiça internacional; entretanto, afirmar que esse resultado justifica de alguma forma o nazismo é uma obscenidade. É apenas dessa maneira que podemos realmente evitar a lógica perversa do fundamentalismo religioso. Entre os pensadores cristãos, foi – como de costume – G.K. Chesterton que não teve medo de explicar as consequências desse paradoxo, situando precisamente neste ponto a ruptura entre o mundo clássico e a cristandade:

> Os gregos, os grandes guias e pioneiros da antiguidade pagã, partiram da ideia de uma coisa esplendidamente óbvia e direta, a ideia de que o homem, andando diretamente à frente na estrada real da razão e da natureza, não poderia chegar a mal algum ... E o exemplo dos próprios gregos é suficiente em si para ilustrar a estranha mas categórica fatalidade que se segue a essa falácia. Tão logo os próprios gregos começaram a seguir seus próprios narizes e sua própria noção de ser natural, a coisa mais louca da história parece ter acontecido com eles ... Os homens mais sábios do mundo resolveram ser naturais; e a coisa menos natural do mundo foi exatamente a primeira que fizeram. O efeito imediato de saudar o sol e a sanidade solar da natureza foi uma perversão que se espalhou como uma pestilência. Os maiores e mesmo os mais puros filósofos não puderam, aparentemente,

evitar esse tipo de loucura. Por quê? ... Quando o Homem vai em frente ele se desvia. Quando segue seu nariz, consegue de alguma forma deslocá-lo, ou mesmo cortá-lo, para incomodar seu rosto; e isso em concordância com algo muito mais profundo na natureza humana do que os adoradores da natureza poderiam jamais entender. Foi a descoberta dessa coisa mais profunda, humanamente falando, que constituiu a conversão ao cristianismo. Há uma inclinação num homem como a inclinação numa bacia; e o cristianismo foi a descoberta de como corrigir a inclinação e assim atingir o ponto. Muitos há que sorririam diante desse preceito; mas é profundamente verdadeiro afirmar que a festiva boa-nova trazida pelo Evangelho foi a notícia do pecado original.[28]

Os gregos, assim, perderam sua bússola moral exatamente por acreditarem na dignidade espontânea e básica do ser humano, e desse modo negligenciarem a "inclinação" para o mal que se encontra no próprio cerne deste: o verdadeiro bem não surge quando seguimos nossa natureza, mas quando a enfrentamos.[29] A mesma advertência foi feita no *Parsifal*, a ópera de Richard Wagner cuja mensagem final é: "A ferida só pode ser curada pela espada que a causou" (*Die Wunde schliesst der Speer nur, der sie schlug*). Hegel diz a mesma coisa, embora com ênfase na direção oposta, quando fala sobre o *Espírito* como o poder criativo que constantemente solapa ("contradiz") e transforma toda realidade inerte e estável: o próprio espírito é a ferida que tenta curar, ou seja, a ferida é autoinfligida. Isso quer dizer: o que é o "espírito" em seu aspecto mais elementar? A "ferida" da natureza: o espírito da subjetividade humana é o poder de diferenciar, de "abstrair", de separar e tratar como autônomo aquilo que, na realidade, é parte de uma unidade orgânica. O espírito nada mais é que o processo de superar a contiguidade natural e a unidade orgânica, o processo de elaboração ("mediação") dessa contiguidade, de se ausentar dentro de si ou se "destacar" de si, de se alienar. O retorno a si do espírito cria a própria dimensão a que ele retorna.

A Bíblia não diz exatamente a mesma coisa? A serpente promete a Adão e Eva que, comendo o fruto da árvore do conhecimento, *eles* se tornarão como Deus; e *depois que ambos o fazem*, Deus diz: "Eis que Adão é como um de nós" (Gênesis 3:22). O comentário de Hegel é: "Assim, a serpente não mentiu, pois Deus confirma o que ela disse." Como diria Hegel, o conhecimento subjetivo não é apenas a possibilidade de escolher o mal ou o bem, "é a consideração ou a cognição que *torna* as pessoas más, de modo que a consideração e a cognição constituem, elas mesmas, aquilo que é o mal, e que *portanto* essa cognição é o que não deveria existir *porque* é a *fonte* do mal".[30] Ou, mais enfaticamente, o mal é o próprio olhar que o percebe por toda parte à sua volta: o olhar que vê o mal exclui-se do todo social que critica, e essa exclusão é *ela mesma* a característica formal do mal. E Hegel assinala que o bem emerge como possibilidade e dever somente por meio dessa primordial escolha do mal: vivenciamos o bem quando, após escolher o mal, ficamos conscientes do caráter extremamente inadequado de nossa situação. Num nível mais conceitual de sua lógica da reflexão, Hegel usa a singular expressão *absoluter Gegenstoss* (esquiva, contragolpe, contraposição ou simplesmente contra-ataque) para designar uma retração-de que *cria* esse lugar de que se retrai: "O que assim se encontra só *vem a ser* sendo *deixado para trás* ... O movimento reflexivo deve ser tomado como uma *desistência absoluta* sobre si mesmo."[31] Assim, é "apenas no próprio retorno" que aquilo a que retornamos realmente surge – começa a existir ou a ser percebido como uma possibilidade onde antes não havia vestígios dele.

Não estamos falando aqui de questões teóricas abstratas, mas de uma experiência histórica muito concreta. Segundo alguns teóricos culturais indianos, o fato de serem compelidos ao uso da língua inglesa é uma forma de colonialismo cultural que censura sua verdadeira identidade: "Temos de falar uma língua estranha imposta para expressar nossa identidade mais íntima, e será que isso não nos coloca numa posição de alienação radical – mesmo nossa resistência à colonização tem de ser formulada na língua do colonizador?" A resposta a essa pergunta é: sim – mas essa imposição do inglês (uma língua estranha) criou a própria coisa que é por ela "oprimida", o seja, o que é oprimido não é a verdadeira Índia pré-colonial, que se perdeu para sempre, mas o sonho autêntico de uma nova Índia universalista e democrática. (Malcolm X seguiu o mesmo insight ao adotar o X como sobrenome: não estava lutando pelo retorno a raízes africanas primordiais, mas precisamente em prol de um X, uma nova e desconhecida identidade estimulada pelo próprio processo de escravidão que fez com que as raízes africanas se perdessem para sempre.) Esse exemplo mostra como a questão não é que não haja nada anterior à perda – no caso da Índia, uma ampla e complexa tradição –, mas essa tradição perdida era uma barafunda heterogênea que nada tem a ver com aquilo a que a restauração nacional posterior deseja retornar. Isso é válido para todo "retorno às origens": quando, a partir do século XIX, novos Estados-nações emergiram na Europa Central e Oriental, seu retorno a "antigas raízes étnicas" gerou essas mesmas raízes, produzindo o que o historiador marxista Eric Hobsbawm denomina "tradições inventadas".

Há uma piada agradavelmente vulgar sobre Cristo. Na noite anterior à sua prisão e crucificação, seus devotos começam a se preocupar: Cristo ainda era virgem. Não seria bom que experimentasse um pouco de prazer antes da morte? Assim, pedem a Maria Madalena que vá até a tenda onde Cristo está repousando e o seduza; ela responde que o faria com prazer e entra na tenda, mas cinco minutos depois sai correndo, gritando, horrorizada e furiosa. Os devotos perguntam o que deu errado e ela explica: "Lentamente me despi, abri as pernas e mostrei a Cristo minha boceta; ele olhou para ela e disse: 'Que ferida horrível! Precisa ser curada!' E gentilmente colocou a palma da mão sobre ela..." Assim, cuidado com pessoas muito desejosas de curar as feridas alheias – e se alguém gostar de suas próprias feridas? Exatamente da mesma forma, curar diretamente as feridas do colonialismo (retornando efetivamente à realidade pré-colonial) teria sido um pesadelo: se os indianos de hoje se vissem nessa realidade, sem dúvida soltariam o mesmo grito horrorizado de Maria Madalena.

Essa é, então, nossa definição de acontecimento nesta parada de nosso percurso: *o principal acontecimento é a própria queda, a perda de uma unidade e uma harmonia primordiais que nunca existiram, que são apenas uma ilusão retroativa.* O fato surpreendente é que esse tema do acontecimento também ressoa fora do campo religioso, na versão mais radical da ciência de hoje, a cosmologia quântica. A questão que a cosmologia quântica enfrenta hoje em dia é: por que existe alguma coisa e não nada? A ciência oferece dois modelos: a teoria do Big Bang, prevalecente hoje no que se refere à origem do nosso universo, afirma que este começou com um ponto inicial de singularidade que se expandiu por bilhões de anos para formar o universo tal como hoje o conhecemos. Singularidade significa um ponto ou região do espaço-tempo em que forças gravitacionais fazem com que a matéria tenha uma densidade infinita, de modo que as leis da física ficam suspensas: as quantidades usadas para medir o campo gravitacional se tornam infinitas, de modo que o cálculo baseado nas leis da física se torna irrelevante e o comportamento subsequente do sistema não pode ser previsto. Essa suspensão das leis como traço fundamental de uma singularidade permite-nos também usar o termo em outros contextos – Ray Kurzweil, por exemplo, definiu uma singularidade tecnológica como

> um período futuro em que o ritmo da mudança tecnológica é tão acelerado e seu impacto, tão profundo, que a vida humana será irreversivelmente transformada. Embora não seja nem utópica nem distópica, essa época vai transformar os conceitos em que nos baseamos para atribuir significado a nossas vidas, de nossos modelos de negócios até o ciclo da vida humana, incluindo a própria morte.[32]

Por motivos compreensíveis, para os católicos o Big Bang oferece uma abertura para Deus: a suspensão das leis da natureza no ponto de singularidade significa que esse acontecimento não é natural; indica uma intervenção sobrenatural direta, sendo singularidade, assim, o nome científico do momento da criação (os católicos gostam de assinalar que o "pai da Teoria do Big Bang" foi o padre Georges Lemaître, um sacerdote católico da Bélgica responsável por sua primeira formulação, em 1933). Quando o papa João Paulo II recebeu Stephen Hawking, supostamente lhe disse: "Estamos bem de acordo, sr. Astrofísico: o que ocorre após o Big Bang é do seu domínio; o que acontece antes é do nosso..." Mesmo que essa conversa não tenha realmente ocorrido, ela apresenta corretamente o argumento.

Filosoficamente, o mais interessante talvez seja a noção de simetria quebrada, pois ela fornece uma resposta sobre a forma como uma coisa surge a partir do nada, redefinindo o próprio nada. O estado de vácuo ou vácuo quântico não é um vazio absolutamente oco: ele contém partículas e ondas eletromagnéticas fugazes que surgem e desaparecem num curto espaço de tempo. Quando essas (infinitesimalmente) pequenas flutuações de energia atuam sobre um sistema que esteja atravessando um ponto crítico, elas decidem o destino do sistema determinando que braço de uma bifurcação ele vai assumir; para um observador de fora que desconheça as flutuações (ou o "ruído"), a escolha vai parecer arbitrária. O processo é chamado de quebra da simetria porque essa transição leva o sistema de um estado caótico homogêneo para um de dois estados definidos. O exemplo físico mais conhecido é o de uma bola esférica equilibrada sobre um morro (simétrico): um desvio imperceptivelmente pequeno da posição da bola fará com que ela role rapidamente morro abaixo até atingir seu mínimo estado de energia, de modo que uma situação perfeitamente simétrica vai se degradar, transformando-se num estado assimétrico. O ponto-chave é que essa degradação é genuinamente contingente: não é que as causas sejam tão insignificantes que não consigamos percebê-las; de modo muito mais radical, as flutuações têm lugar no nível de entidades virtuais não plenamente existentes (pré-ontológicas) que são, de certa forma, menos do que nada. O insight especulativo dessa noção de simetria quebrada reside na identidade entre o nada (o vazio, o vácuo) e a infinita riqueza de possibilidades. Nesse espaço obscuro, as leis "normais" da natureza são continuamente suspensas. Como? Imagine que você tem de pegar um voo no dia X para receber uma fortuna no dia seguinte, mas não tem dinheiro para comprar a passagem; só que então você descobre que o sistema de contabilidade da empresa aérea funciona de tal maneira que, se você fizer o pagamento da passagem no espaço de 24 horas a partir de sua chegada ao local de destino, ninguém ficará sabendo que ela não foi paga antes da partida. De maneira homóloga,

> a energia de uma partícula pode flutuar freneticamente desde que sua flutuação se dê numa escala de tempo suficientemente pequena. Assim, tal como o sistema de contabilidade da empresa aérea "permite" que você "tome emprestado" o dinheiro de uma passagem de avião desde que a dívida seja quitada rapidamente, a mecânica quântica permite que uma partícula "tome emprestada" uma quantidade de energia desde que ela possa descartá-la dentro de um período de tempo determinado pelo princípio da incerteza de Heisenberg ... Mas a mecânica quântica nos força a levar essa analogia a dar um importante passo à frente. Imagine alguém que seja compulsivo no que se refere a tomar empréstimos e vá de amigo em amigo pedindo dinheiro ... Empréstimo e pagamento, empréstimo e pagamento – com enorme frequência, e uma intensidade infatigável, ele pega dinheiro apenas para devolvê-lo no curto prazo ... uma variação frenética semelhante de energia e de impulso ocorre perpetuamente no universo das distâncias e intervalos de tempo microscópicos.[33]

É assim que, mesmo numa região vazia do espaço, uma partícula surge do nada, "tomando emprestada" sua energia do futuro e pagando por ela (com sua aniquilação) antes que o sistema perceba esse empréstimo. A rede inteira pode funcionar dessa forma, num ritmo de empréstimo e aniquilação, um tomando emprestado do outro, deslocando a dívida para o outro, atrasando o seu pagamento – é realmente como o domínio da subpartícula jogando jogos de Wall Street com futuros. O que isso pressupõe é um hiato temporal mínimo entre a existência das coisas em sua realidade bruta imediata e o registro dessa realidade em algum veículo. O exemplo mais óbvio desse hiato é a morte de um ser humano: uma coisa é morrer na realidade, outra é essa morte ser adequadamente registrada, levada em consideração, pelas autoridades públicas – às vezes as autoridades registram equivocadamente um de seus sujeitos vivos como morto, de modo que o pobre cidadão tem de provar ao Estado que ainda está vivo. Na França, pode-se até obter um documento chamado *certificat d'existence*, prova jurídica de que a pessoa existe.

As implicações teológicas desse hiato entre a protorrealidade virtual e aquela plenamente constituída são de especial interesse. Na medida em que "Deus" é o agente que cria coisas observando-as, a indeterminação quântica nos compele a postular a existência de um deus que é *onipotente, mas não onisciente*: "Se Deus comprime as funções ondulatórias de coisas grandes na realidade por Sua observação, experimentos quânticos indicam que Ele não está observando as pequenas."[34] A trapaça ontológica com partículas virtuais (um elétron pode criar um próton e assim violar o princípio da conservação da energia, na condição de que ele o reabsorva antes que suas vizinhanças se "deem conta" da discrepância) é um modo de trapacear o próprio Deus, a principal agência responsável por dar conta de tudo que acontece: o próprio Deus não controla os processos quânticos; aí reside a lição de física quântica do ateu. Einstein estava certo em sua famosa afirmação de que "Deus não joga dados" – o que ele se esqueceu de acrescentar é que Ele próprio pode ser enganado: existem microprocessos (oscilações quânticas) que não são registrados pelo sistema.

Há uma assimetria fundamental entre os dois acontecimentos, o Big Bang e a quebra da simetria: o Big Bang é a explosão de uma singularidade infinitamente comprimida, enquanto a simetria quebrada é uma compressão de um campo infinito de potencialidades numa realidade finita determinada. Os dois acontecimentos podem ser opostos de muitas maneiras: teoria da relatividade versus cosmologia quântica, idealismo versus materialismo. Mas a lição fundamental permanece a mesma, a do desequilíbrio radical: o acontecimento conclusivo é a própria queda, ou seja, *coisas surgem quando o equilíbrio é destruído, quando algo dá errado.*

Essa lição parece o exato oposto do budismo, que enxerga a fonte do sofrimento e do mal em nosso apego excessivo a objetos materiais e, consequentemente, nos adverte a nos afastarmos desses envolvimentos e adotarmos uma atitude de distanciamento como única forma de romper o círculo vicioso do sofrimento. Será que as coisas são tão simples assim? O budista japonês Sakaguchi Ango (1906-55) criticava o budismo por seu distanciamento da vida real com todas as suas paixões; propunha "começar uma nova vida que siga os desejos comuns". Entretanto, no momento em que abandonou o mundo do budismo, Ango "se tornou, pode-se dizer, um verdadeiro budista. Nunca escreveu positivamente sobre o budismo. Em particular, era extremamente cáustico em relação a qualquer coisa com pretensões a uma iluminação do tipo zen ou a um refinamento austero. Sim: paradoxal como isso possa parecer, sua crítica é eminentemente budista".[35]

A noção central de Ango era a de "declinabilidade" – ele encorajava os leitores a continuarem caindo. Entretanto, queda – *daraku* – "não contém o sentido comum de 'decadência' ... Para Ango, declinabilidade significava existir num estado de exposição e abertura ao outro".[36] Em suma, a autenticidade é a própria declinabilidade: deixamos para trás nosso falso self não quando mantemos a realidade à distância, mas precisamente quando, totalmente, sem reservas, "caímos" nela, nos abandonamos a ela. A ilusão de nosso self persiste precisamente na medida em que percebemos a realidade como algo "lá fora", externo ao "eu aqui". Essa noção de uma queda redentora talvez seja o segredo mais precioso do budismo. Portanto, o que o budismo pode nos dizer sobre o acontecimento? Isso nos leva à próxima parada em nossa viagem: o acontecimento como o momento da iluminação, de se desprender da teia de aranha da realidade ilusória e entrar no vácuo do nirvana.

TERCEIRA PARADA
O budismo naturalizado

QUANDO TEVE LUGAR o acontecimento? Em 1654, James Ussher publicou em Londres a segunda parte de seu monumental *Annals of the Old and New Testaments*. Bispo protestante atuando na Irlanda – terra extremamente católica –, ele desejava demonstrar a superioridade da abordagem racional em relação aos supersticiosos "papistas", e assim estudou milhares de fontes para estabelecer cientificamente a data exata da Criação. Sua resposta conclusiva foi: Deus criou o mundo no início da noite anterior a 23 de outubro de 4004 a.C. (Fica-se imaginando por que no início da noite. Por que não de manhã, depois de Deus ter apreciado um generoso desjejum inglês a fim de ganhar força para a tarefa pesada que tinha pela frente?)[37] A datação de Ussher fez dele uma lenda, fornecendo o primeiro exemplo de uma tradição especificamente britânica que ecoa até em *Mr. Bennett and Mrs. Brown*, de Virginia Woolf, lançado em 1924, no qual ela afirma que "em dezembro de 1910, ou por volta disso, o caráter humano mudou". Embora, evidentemente, concordando com ela, talvez devêssemos propor uma nova data para *o* acontecimento: nossa própria época, em que o contínuo progresso da biogenética, exemplificado pela clonagem, está efetivamente mudando a natureza humana, perturbando as condições da reprodução humana e a desconectando do encontro de dois sexos, abrindo assim a possibilidade da eugenia generalizada, da fabricação de clones, monstros ou híbridos, o que dissolve os limites de uma espécie. Os limites do real biológico são efetivamente deslocados, e as fronteiras mais seguras do que deve ser simbolizado, vida, morte, filiação, identidade corporal, diferença entre os sexos, se fragilizam. A clonagem nos permite, em princípio, livrar-nos de um parceiro, e portanto do sexo oposto, ou mesmo da alteridade em si: a pessoa se perpetua sem alteração. Existe nisso uma mutação histórica que é pelo menos tão radical quanto a morte da espécie humana tornada possível pela fissão nuclear.[38]

Com efeito, o neurodiscurso em que uma pessoa é equiparada a seu cérebro (ou por vezes simplesmente ao seu DNA) tem penetrado em todos os aspectos de nossas vidas, do direito à política, à literatura, à medicina e à física.[39] Como parte dessa neurorrevolução, enormes fundos militares são investidos na pesquisa neurocientífica; o caso mais conspícuo é o da (vergonhosamente) famosa Darpa (Defense Advanced Research Projects Agency, ou Agência de Projetos de Pesquisa Avançada para Defesa), dos Estados Unidos, constituída de três braços: análise narrativa, cognição ampliada (seguindo as linhas do projeto Iron Man etc., de criar soldados com capacidades cognitivas aprimoradas) e robôs autônomos (visando a converter uma ampla fração das forças militares numa força robótica, que é mais fácil de controlar e vai reduzir a carga econômica acarretada pelo pessoal militar, assim como as perdas em termos de vidas de soldados). Soldados-robôs autônomos também podem ser usados para interromper protestos violentamente ou prender cidadãos em casos de desobediência civil. Cientistas críticos como Ahmed El Hady deixaram claro o que nos espera no final dessa estrada:

> O arcabouço da "neurociência educacional" combina-se com a promoção da "cultura expert" em escala global para converter a população em indivíduos "vazios" doutrinados por um conhecimento fragmentado, agindo localmente para resolver problemas específicos, dissociados de qualquer esforço coletivo ou global.
>
> Outro cenário é o uso de modalidades de controle do cérebro para interromper imediatamente qualquer levante revolucionário. Além de controlar nossas narrativas cerebrais e de soldados robóticos autônomos ... modalidades de controle do cérebro também podem incluir drogas neurotrópicas que alterem o estado psicológico dos indivíduos, neurotoxinas capazes de controlar ou interromper a atividade do cérebro e agentes neuromicrobiológicos que lhe transmitam patógenos, tornando-o, assim, disfuncional.[40]

A ideia básica da Darpa é proteger os cidadãos dos Estados Unidos de vilões (estrangeiros) buscando avaliar como as pessoas são vulneráveis a "narrativas" (histórias orais, discursos, propaganda, livros etc.) terroristas, e então suplantando tais narrativas com outras melhores. Em termos mais simples, a Darpa busca modelar mentes com histórias. Como? Eis o truque: a Darpa gostaria de revolucionar o estudo da influência narrativa estendendo-o ao domínio da neurobiologia. Assim, a análise do padrão narrativo nos leva a uma guinada perigosa: o objetivo não é convencer o potencial terrorista por meio de uma retórica ou linha de argumentação adequada (ou mesmo de uma pura e simples lavagem cerebral), mas intervir diretamente em seu cérebro para fazê-lo mudar de ideia. A luta ideológica não é mais conduzida mediante argumentação ou propaganda, mas por meio da neurobiologia, ou seja, regulando processos neurais em nosso cérebro. Uma vez mais, o truque é: quem vai decidir quais narrativas são perigosas e, como tal, merecem correção neurológica?

Em 2011, um projeto financiado pela Darpa ganhou alguma divulgação sob o título HOMEM PARALÍTICO MOVE BRAÇO ROBÓTICO COM SEUS PENSAMENTOS: "A mão robótica justaposta que Tim Hemmes estava controlando com a mente tocou a mão estendida de sua namorada, Katie Schaffer. Um pequeno toque para o sr. Hemmes, um passo gigante para as pessoas com deficiência."[41] Esse "milagre" baseia-se na eletrocorticografia (ECoG), em que uma grade eletrônica é cirurgicamente implantada de modo a tangenciar o cérebro (sem penetrá-lo) e pode assim capturar, de modo não intrusivo, sinais cerebrais: o ECoG obtém um conjunto de sinais cerebrais que um algoritmo de computador pode interpretar e então mover um braço robótico com base nas intenções da pessoa. Como passo seguinte, a equipe planeja tornar essa tecnologia sem fio e incluir sensores na prótese capazes de enviar sinais de volta ao cérebro para simular sensações. É difícil aqui esquecer a piada. Tec-gnósticos estão nos prometendo que, ao conectar nossos cérebros a máquinas, vamos entrar numa era pós-humana e retornar ao estado angelical anterior à queda: o sexo não será mais necessário, nossas mentes se comunicarão diretamente e nossos corpos serão reduzidos a instrumentos externos produzidos por meio de clonagem e outros procedimentos científicos. Entretanto, no caso do sr. Hemmes, a ciência foi mobilizada para capacitar um homem a tocar uma mulher, seu objeto sexual, segundo a Bíblia a própria causa da queda. Assim, o que a perspectiva dessas intervenções neurobiológicas diretas significa para nossas vidas sexuais?

No final de 1925, Andrei Platonov – juntamente com Beckett e Kafka, um dos três escritores *absolutos* do século XX – escreveu um pequeno e singular ensaio intitulado "Anti-Sexus".[42] Neste texto ele se apresenta apenas como o tradutor de um folheto de propaganda produzido por uma grande empresa ocidental que deseja penetrar no mercado soviético. Após a introdução do tradutor, o chefe da empresa descreve o produto, e o que se segue são pequenos comentários de figuras públicas bem conhecidas (de Mussolini a Gandhi, de Henry Ford a Charles Chaplin e de J.M. Keynes ao marechal Hindenburg) sobre ele – uma máquina masturbatória produzida em massa que permite ao usuário atingir um rápido e intenso orgasmo. Dessa maneira, a humanidade pode ficar livre das complexidades do amor sexual: a necessidade sexual perde seu caráter incontrolável, não envolve mais o processo de sedução, que consome tempo e energia, e se torna uma coisa disponível a qualquer um de maneira simples e planejada, prometendo assim uma nova era de paz interior. Embora "Anti-Sexus" seja obviamente uma peça satírica, as coisas se complicam no momento em que tentamos determinar o preciso objeto da sátira. Considera-se geralmente que o comentário de Chaplin – o único negativo e que afirma que o produto vai nos privar do contato inter-humano, intenso e profundamente espiritual, que caracteriza o verdadeiro amor sexual – representa a posição do próprio Platonov, mas será que é isso mesmo?

A importância de "Anti-Sexus" reside em, paradoxalmente, aproximar três orientações independentes entre si e por vezes até antagônicas: a equação do sexo com a queda, que caracteriza a tradição dualista dos gnósticos (o gnosticismo afirma possuir uma percepção espiritual direta de nossa realidade que se compõe de duas forças opostas: luz e escuridão, bem e mal. O mundo material da procriação é, por definição, mau, tendo sido produzido por um criador/demiurgo celestial inferior, e não pelo próprio Deus [Platonov ficou muito impressionado com a seita dos *skopcy*, cujos integrantes homens se castravam voluntariamente]); a perspectiva biotecnológica da regulação total ou mesmo a abolição do sexo; e a comodificação deste no consumismo capitalista. A moderna biotecnologia fornece uma nova maneira de realizar o antigo sonho gnóstico de se livrar do sexo – entretanto o dispositivo que o faz vem do capitalismo e se apresenta como a mercadoria ideal.

Em retrospecto, a engenhoca imaginada por Platonov se ajusta perfeitamente à atual guinada na economia libidinal predominante, no curso da qual a relação com um Outro humano é gradualmente substituída pela captura dos indivíduos por aquilo que Lacan batizou com o neologismo *les lathouses*: objetos-engenhocas consumistas que atraem a libido com a promessa de proporcionar um prazer excessivo, mas que efetivamente reproduzem apenas sua própria falta. (O prazer proporcionado por um brinquedo sexual de plástico sempre nos deixa famintos por mais – quanto mais o usamos, mais sentimos necessidade de tornar a usá-lo.)

É assim que a psicanálise aborda o impacto libidinal subjetivo de novas invenções tecnológicas: "a tecnologia é um catalisador, ela amplia e reforça algo que já está presente"[43] – nesse caso, um fato virtual fantasístico. E, evidentemente, essa realização muda a constelação inteira: uma vez realizada uma fantasia, quando um objeto fantasístico aparece diretamente na realidade, esta não é mais a mesma. E, efetivamente, encontra-se no mercado de hoje uma engenhoca próxima da imaginada por Platonov: a chamada "Stamina Training Unit" [unidade de treinamento de resistência], um dispositivo masturbatório parecido com uma lanterna a pilha (de modo que, ao transportá-lo, nós não fiquemos constrangidos). Você coloca o pênis ereto na abertura, na parte de cima, e mexe a coisa para cima e para baixo até atingir o prazer. O produto está disponível em diferentes cores, graus de compressão e formas que imitam todos os três principais orifícios para a penetração sexual (boca, vagina e ânus). O que se compra aqui é simplesmente o objeto parcial (zona erógena) sozinho, sem a constrangedora carga adicional da pessoa como um todo. Enquanto vibradores fálicos já estão disponíveis há muito tempo, a Stamina Training Unit vai um passo além em termos de fornecer sua contrapartida masculina.

Como lidar com esse admirável mundo novo que solapa as premissas básicas de nossa vida social e de nosso autoentendimento íntimo? A solução final seria, evidentemente, introduzir um vibrador na Stamina Training Unit, ligar os dois e deixar toda a diversão para esse "casal ideal", e nós, sujeitos humanos, reduzidos a observadores afastados dessa interação mecânica. E isso nos leva ao budismo: se, após atingir a iluminação budista – o total distanciamento íntimo da realidade material –, fôssemos nos envolver no ato sexual, nossa experiência não seria estritamente homóloga à desses observadores da interação de dois dispositivos sexuais? E se a crescente popularidade do budismo for mais do que apenas um fenômeno da moda? Dois aspectos que caracterizam nossa época são a expansão do capitalismo global, com seu ritmo frenético de autorreprodução, e o papel-chave da ciência. Em ambos os casos, o budismo se impõe como a reação mais adequada: a postura subjetiva mais apta a confrontar o capitalismo global e a visão de mundo científica.

Embora o budismo se apresente como o remédio para a estressante tensão da dinâmica capitalista, permitindo que nos desconectemos e mantenhamos a paz interior e a *Gelassenheit* (autossubmissão), ele na verdade funciona como o complemento ideológico perfeito do capitalismo. Devemos mencionar aqui o conhecido tema do "choque do futuro", ou seja, como, hoje em dia, as pessoas não são mais psicologicamente capazes de lidar com o ritmo atordoante do desenvolvimento tecnológico e as mudanças sociais que o acompanham. As coisas simplesmente se movem com muita velocidade; antes que possamos nos acostumar com uma invenção, ela já foi suplantada por uma nova, de modo que cada vez mais carecemos do "mapeamento cognitivo" mais elementar, necessário para assimilar esses aperfeiçoamentos. Recorrer ao taoismo ou ao budismo oferece um modo de escapar desse dilema que funciona melhor do que uma fuga desesperada para antigas tradições: em vez de tentar enfrentar o ritmo acelerado do progresso tecnológico e das mudanças sociais, devemos renunciar à própria luta para manter o controle do que acontece, rejeitando-a como expressão da moderna lógica da dominação. Devemos "deixar rolar", ficar à deriva, ao mesmo tempo mantendo uma distância e uma indiferença interiores em relação à dança louca do progresso acelerado, uma distância baseada na percepção de que toda essa convulsão social e tecnológica é, em última instância, apenas uma proliferação não substancial de aparências que realmente não dizem respeito à essência mais íntima de nosso ser. Quase somos tentados a ressuscitar aqui o infame clichê marxista da religião como "o ópio do povo". O caminho meditativo do "budista ocidental" é para nós, possivelmente, a maneira mais eficaz de participar de maneira plena da dinâmica capitalista enquanto se mantém a aparência de sanidade mental. (Se o sociólogo Max Weber estivesse vivo hoje, teria escrito, definitivamente, um segundo volume, complementar, de seu texto fundador, *A ética protestante e o espírito do capitalismo* (1904), que teria como título *A ética taoista e o espírito do capitalismo global.*)

E o mesmo não é ainda mais válido para o resultado perturbador das ciências do cérebro de hoje? Será que o budismo não fornece também aqui a única resposta consistente? As ciências do cérebro estão nos dizendo que a noção do self como sujeito autônomo livre é mera ilusão do usuário; que não existe self, apenas processos neurônicos subjetivos. A questão-chave aqui é: como é que nós humanos levamos em conta essa percepção? Seria possível não apenas imaginar o mundo sem self como modelo teórico, mas vivê-lo? Viver como "sendo ninguém"? Filósofos e cientistas propõem aqui diferentes respostas. Sua atitude predominante é contornar a brecha entre a visão científica de nós mesmos e nossa própria experiência cotidiana como agentes autônomos livres: embora a ciência nos diga que não existe um self com livre-arbítrio, apenas processos neurais e biológicos "objetivos", sempre vivenciamos nós mesmos como selves – da mesma forma que, embora saibamos que a Terra gira em torno do Sol, continuamos a falar sobre o Sol nascendo e se pondo.

Alguns filósofos (como Jürgen Habermas) afirmam que nossa autopercepção como agentes livres e responsáveis não é apenas uma ilusão necessária, mas uma condição transcendental necessária do conhecimento científico. Habermas desenvolveu essa posição em resposta a um manifesto em que onze neurocientistas alemães proeminentes afirmaram que nosso conceito comum de livre-arbítrio está a pique de ser superado por recentes avanços em neurobiologia: "Estamos à beira de vermos nossa imagem de nós mesmos ser consideravelmente abalada num futuro previsível."[44] Para Habermas, porém, a objetificação científica dos seres humanos "pressupõe a participação num sistema intersubjetivamente instituído de práticas linguísticas cuja valência normativa condiciona a atividade cognitiva dos cientistas".[45] Em suma, jamais deveríamos esquecer que a imagem científica do homem como uma máquina neurobiológica é resultado da prática científica coletiva em que atuamos como agentes racionais livres.

Por fim, existem alguns cientistas do cérebro (como Patricia e Paul Churchland) que afirmam que não somos biologicamente conectados a nosso autoentendimento convencional como selves autônomos: esse autoentendimento é condicionado pelo escopo limitado de nosso conhecimento tradicional, de modo que podemos muito bem imaginar e buscar um novo autoentendimento convencional que estaria no nível de nossa emergente imagem científica de seres humanos. Assumir essa imagem científica em nossa vida cotidiana iria privar-nos de algumas ilusões (de liberdade e responsabilidade), mas ao mesmo tempo tornaria nossas práticas sociais menos punitivas e opressivas. O problema dessa visão é sua ingenuidade implícita; os cientistas que a sustentam pressupõem, de alguma forma, que o sujeito autônomo ainda está aqui, decidindo livremente sobre como mudar sua "natureza". Isso nos leva de volta a nossa questão inicial: é possível para um ser humano *viver* o fato de que o eu não existe, vivenciar esse fato como um estado direto de sua mente? A resposta positiva a essa pergunta foi dada pelo filósofo e cientista do cérebro contemporâneo Thomas Metzinger.[46]

Metzinger aceita que não conseguimos deixar de vivenciar a nós mesmos como "selves": pode-se saber (no sentido puramente epistêmico de conhecimento científico) que não existe algo como um self substancial, mas não se pode realmente abandoná-lo – com uma exceção: a iluminação budista, em que o eu assume diretamente, em sua autoexperiência mais íntima, seu próprio não ser, isto é, reconhece a si mesmo como um "self simulado", uma ficção representacional. Essa consciência iluminada não é mais uma autoconsciência: não sou mais eu que vivencio a mim mesmo como o agente de meus pensamentos; "minha" consciência é a consciência direta de um sistema altruísta, de um conhecimento altruísta. Em suma, efetivamente *existe* um vínculo entre a posição assumida por cientistas do cérebro de postura radical e a ideia budista de *an-atman* (inexistência do eu). O budismo fornece um tipo de acontecimentalização subjetiva do cognitivismo científico: o acontecimento que tem lugar quando assumimos plenamente os resultados das ciências do cérebro é o acontecimento da iluminação, o atingimento do nirvana, que nos libera das limitações de nosso eu como agente substancial autônomo. Mas será que essa solução funciona?

O budismo preocupa-se em resolver o problema do sofrimento, de modo que seu primeiro axioma é: não queremos sofrer.[47] (Para um freudiano, isso já é problemático e está longe de ser autoevidente – não apenas em função de algum masoquismo obscuro, mas da profunda satisfação trazida por uma devoção apaixonada. Estou pronto a sofrer por uma causa política; quando estou amando com paixão, estou pronto a me submeter à paixão mesmo sabendo com antecedência que isso provavelmente vai terminar em catástrofe e que vou sofrer quando o caso tiver terminado. Mas, mesmo nesse ponto de miséria, se me perguntarem "Valeu a pena? Você agora está arrasado!", a resposta é um incondicional "Sim! Valeu a pena cada momento! Estou pronto para passar por isso outra vez!".) A fonte do sofrimento reside no insaciável desejo das pessoas por coisas que, mesmo quando obtidas, provavelmente nunca irão satisfazê-las. O objetivo da prática budista é libertar do sofrimento (iluminação, despertar) – tudo que um budista faz é, em última instância, para atingir a iluminação. A prática budista focaliza primeiramente um tipo de moral que levará à iluminação; a moral, porém, é apenas o primeiro passo nesse caminho. Como qualquer jornada, esse empreendimento moral deve ser iniciado e depois levado adiante com firmeza e dedicação a fim de se alcançar o objetivo final da libertação do sofrimento: a conduta adequada é por si só insuficiente; deve ser complementada pela consciência adequada.

Assim, a prática budista começa pela conduta, com a análise (e a mudança) da maneira como agimos. Não há poderes superiores (como deuses) que ditem ou julguem nossas ações a partir de fora: nossos atos, por assim dizer, criam seus próprios critérios imanentes pelo modo como se ajustam a seu contexto geral e aumentam ou reduzem o sofrimento (o nosso e o de todos os seres conscientes). É isso que significa a noção de carma: nunca agimos isoladamente, nossos atos sempre deixam marcas, e essas marcas – que podem ser boas, más ou neutras – continuam afetando o agente muito depois de realizado o ato. Aqui entra a moral comum: o primeiro passo da prática budista é treinar-nos para que identifiquemos e gradualmente nos livremos das ações deletérias que ocorrem em três níveis: corpo, fala e mente. Existem três ações deletérias do corpo que devem ser evitadas (assassinato, roubo, delito sexual), quatro ações da fala (mentira, difamação, sarcasmo, intriga) e três ações da mente (cobiça, raiva, falácia). Quando diminuímos gradualmente esses atos deletérios, seguindo o "caminho do meio" de evitar extremos, estamos perto de – embora não ainda prontos para – entrar na iluminação, em que adquirimos um desinteresse por objetos e assim nos libertamos do sofrimento (*dukkha*) e do ciclo de eternos renascimentos (*samsāra*). Portanto, o que ocorre com nosso carma quando nos encontramos no nirvana (a "destituição subjetiva" dos budistas)? Nossos atos deixam bons vestígios? A resposta budista é: não, quando nos encontramos no nirvana, nossos atos *não* deixam vestígios; estamos a uma distância – *reduzida* – da roda do desejo. Mas aqui surge um problema: se atos moderadamente bons (a moral elementar com que começa a prática budista) nos ajudam a nos livrarmos de nossos apegos excessivos, então não deveríamos ser capazes, ao atingirmos o nirvana, de perpetrar até mesmo ações brutais de maneira que elas não deixem vestígios, porque as realizamos à distância? Não seria exatamente essa habilidade o sinal de reconhecimento de um verdadeiro *bodhisattva*? Isso não é apenas o resultado de uma especulação abstrata, mas uma realidade histórica: há uma longa tradição de guerreiros budistas, do antigo Tibete ao Japão e à Tailândia de hoje, que afirmam que a atitude de desapego da iluminação produz uma perfeita e fria máquina de matar.[48]

Para esclarecer esse ponto crucial, observemos o momento-chave do caminho budista, a mudança reflexiva do objeto para o próprio pensador. Primeiro, isolamos a coisa que nos incomoda, a causa de nosso sofrimento, depois, mudamos – não o objeto, mas nós mesmos, a maneira como nos relacionamos com (o que nos parece ser) a causa desse sofrimento: "O que se extinguiu foi apenas a *falsa visão* de si. O que sempre foi ilusório foi entendido como tal. Nada se alterou senão a perspectiva do observador."⁴⁹ Essa guinada envolve muita dor; não é meramente uma libertação, um passo na direção de uma euforia incestuosa do que Freud denominou "sentimento oceânico", mas também a violenta experiência de ficar sem chão, de ser privado do ingrediente mais íntimo de nosso ser. É por isso que o caminho que leva à iluminação budista começa focalizando o sentimento mais elementar de "inocência ferida", de sofrer uma injustiça sem causa (o assunto preferido dos pensamentos masoquistas narcisistas): "Como ela pôde fazer isso comigo? Eu não mereço ser tratado dessa forma."⁵⁰ O passo seguinte é fazer a guinada para o próprio eu, para o sujeito dessas emoções dolorosas, tornando clara e palpável sua própria condição transitória e irrelevante – a agressão ao objeto que causa sofrimento deveria virar-se, em vez disso, contra o próprio eu. Nós não reparamos o dano: ganhamos uma percepção da natureza ilusória desse dano, daquilo que deve ser reparado.

Aqui, contudo, tropeçamos numa ambiguidade fundamental do edifício budista: seria o nirvana, o objetivo da meditação budista, apenas essa guinada na postura do sujeito diante da realidade? Ou o objetivo seria a transformação fundamental da realidade em si, de modo que todo sofrimento desapareça, que todos os seres vivos sejam aliviados de seus tormentos?

Ou seja, o esforço de entrar no nirvana não ficaria preso entre dois extremos radicalmente opostos, o minimalista e o maximalista? De um lado, a realidade permanece como é, nada muda, ela só é plenamente percebida tal como é, um mero fluxo insubstancial de fenômenos que realmente não afetam o vazio no cerne de nosso ser. De outro, o objetivo é transformar a própria realidade de modo que nela não haja mais sofrimento, que todos os seres vivos atinjam o nirvana.

Esse problema-chave retorna em diferentes versões, repetindo-se em formas deslocadas: (1) Quando atingimos a iluminação e nos libertamos, devemos permanecer aqui ou, por amor à humanidade sofredora, retornar para ajudar outros a se libertarem? (2) Seria possível ultrapassar a brecha entre iluminação e atividade ética: "Como se passa da percepção metafísica de que não tenho um eu à ética da compaixão e da gentileza amorosa em relação aos outros, que também não são eus?"[51] Também não é possível extrair de *an-atman* a conclusão oposta: viver plenamente o presente e buscar todos os prazeres possíveis, sem preocupação com os outros? (3) Como podemos distinguir a felicidade atingida pelo trabalho duro, a disciplina e a meditação da que é alcançada por meio de pílulas mágicas (falsas crenças, métodos químicos) se não existe uma distinção imanente no que se refere à qualidade da felicidade? Em outras palavras, felicidade "imerecida" ainda é felicidade. (Além disso, uma vez que sabemos que a felicidade pode ser alcançada por meios químicos, não é o caso de termos de aceitar que *toda* felicidade se baseia em processos químicos, incluindo os que se dão em nosso cérebro quando meditamos?) Assim, realmente não há diferença entre felicidade merecida e imerecida: em ambos os casos, o processo subjacente é químico. Em outras palavras, se a iluminação pode ser gerada por meios químicos ("pílulas de iluminação"), essa iluminação seria ainda verdadeira, um acontecimento espiritual autêntico?

O que esses impasses do budismo indicam é que é difícil, se não de todo impossível, ficar livre da dimensão da subjetividade no sentido de agência responsável livre. Existe sempre algo falso em simplesmente aceitar o destino ou em tratar a si mesmo como uma entidade objetiva, parte da realidade neurobiológica. Essa inverdade se torna abundantemente clara no modo como Ted Hughes relata a forma como traiu Sylvia Plath. Se, na história da literatura moderna, já houve uma pessoa que exemplificasse a derrota ética, esta é Ted Hughes. A verdadeira outra mulher, o foco da saga Hughes-Plath ignorado pelos dois campos, é Assia Wevill, uma beldade morena judia, sobrevivente do holocausto e amante de Ted, em função de quem ele abandonou Sylvia. Assim, isso foi como deixar a mulher e casar-se com a louca do sótão – mas, para começo de conversa, como é que ela enlouqueceu? Em 1969, ela se matou da mesma forma que Sylvia tinha feito (envenenamento por gás), mas também matando Shura, sua filha com Hughes. Por quê? O que *a* levou a essa singular repetição? *Essa* foi a verdadeira traição ética de Ted, não Sylvia. Aqui, *Cartas de aniversário*, que ele escreveu, com sua falsa mitologização, transforma-se num texto eticamente repulsivo, colocando a culpa nas forças obscuras do destino que controlam nossas vidas, apresentando Assia como uma tenebrosa sedutora: "Você é a força sombria. É a força sombria e destrutiva que aniquilou Sylvia."[52]

Recordemos um trecho de *A importância de ser prudente*, peça de Oscar Wilde: "Perder um dos pais pode ser visto como um infortúnio; perder os dois parece negligência." O mesmo não se aplica a Ted Hughes? "Perder uma esposa por suicídio pode ser visto como infortúnio; perder duas parece negligência." A versão de Hughes é uma longa variação do *"c'est n'est pas ma faute"* de Valmont em *Ligações perigosas*: não fui eu, foi o destino – como diz Hughes, a responsabilidade é "uma ficção válida apenas num mundo de advogados que se apresentam como moralistas".[53] Todo esse papo sobre deusas femininas, destino, astrologia etc. é eticamente inútil, um exercício de mitologização cujo objetivo é pôr a culpa no Outro. No nível de nossa vida prática-ética, qualquer tentativa de evitar a responsabilidade e conceber-se como um mecanismo sem autonomia é capturada no duplo vínculo da liberdade: sim, somos compelidos, o destino manipula as cordas, todo(a) manipulador(a) é, por sua vez, manipulado(a), todo agente livre que decide o próprio destino é iludido – mas simplesmente endossar e assumir essa condição de impotência em face de forças maiores é também uma ilusão, uma evasão escapista diante da carga da responsabilidade.

Não podemos escapar das teias do destino, mas também não podemos escapar do fardo da responsabilidade pelo destino. Não é por isso que a psicanálise é ilustrativa de nossa condição? Sim, somos deslocados, capturados numa rede estranha, sobredeterminados por mecanismos inconscientes; sim, sou mais "falado" que falante, o Outro inconsciente fala por meu intermédio, mas simplesmente assumir esse fato (no sentido de rejeitar qualquer responsabilidade) também é falso, um exemplo de autoilusão. A psicanálise me torna ainda mais responsável mesmo pelo que está além de meu controle (consciente).

O que isso significa é que a dimensão da subjetividade (no sentido de agência autônoma livre) é irredutível: não podemos nos livrar dela; ela continua a aparecer em cada tentativa de superá-la. O naturalismo científico e o budismo modernos efetivamente se complementam: embora possam parecer radicalmente opostos (o frio racionalismo científico versus a etérea espiritualidade budista), são unidos em sua rejeição do eu como agente livre responsável. Mas os impasses dessas duas posições mostram que, em última instância, o acontecimento que cada uma representa – o acontecimento da naturalização radical dos seres humanos nas ciências do cérebro e o acontecimento da iluminação, do atingimento do nirvana, no budismo – se dissolve: o verdadeiro acontecimento é o da própria subjetividade, ilusória como possa ser. Nossa próxima parada deve ser, assim, a filosofia ocidental, que atinge o pico na ideia de subjetividade; o que buscaremos demonstrar é como a própria condição de subjetividade é acontecimental.

QUARTA PARADA

Os três acontecimentos da filosofia

HÁ TRÊS (E APENAS TRÊS) filósofos-chave na história da metafísica ocidental: Platão, Descartes e Hegel. Cada um deles promoveu uma clara ruptura com o passado: nada continuou sendo o mesmo depois que entraram em cena. Platão rompeu com a cosmologia pré-socrática na busca de uma harmonia interna do universo e introduziu o idealismo metafísico; Descartes rompeu com a visão medieval da realidade como uma ordem hierárquica essencial e introduziu dois ingredientes básicos da modernidade filosófica – a noção de realidade material mecânica infinita e irrelevante e o princípio da subjetividade ("Penso, logo existo") como principal alicerce de nosso conhecimento; e Hegel rompeu com a metafísica tradicional – idealista ou materialista – e introduziu a era da historicidade radical em que todas as formas, estruturas sociais e princípios sólidos são concebidos como resultados de processos históricos contingentes.

Cada um desses três pensadores projetou uma sombra persistente sobre os que os seguiram, mas de uma forma *negativa* muito específica. Michel Foucault (1920-84) disse uma vez que toda a história da filosofia ocidental poderia ser definida como a história das rejeições de Platão: mesmo hoje, marxistas e liberais anticomunistas, existencialistas e empiristas analíticos, heideggerianos e vitalistas estão todos unidos em seu antiplatonismo. E exatamente o mesmo é válido para Descartes. Ele é criticado por ecologistas, feministas, neurocientistas cognitivos, heideggerianos (mais uma vez), pragmatistas, proponentes da "guinada linguística" em filosofia... Finalmente, Hegel é a principal *bête noire* da filosofia nos dois últimos séculos, criticado por marxistas, liberais, moralistas religiosos desconstrucionistas e empiristas anglo-saxões (entre outros).

Será que essa condição excepcional de Platão, Descartes e Hegel não fornece a derradeira prova de que, em cada um desses casos, estamos lidando com um acontecimento filosófico no sentido de *uma intrusão traumática de algo novo que permanece inaceitável para a visão predominante*? Ademais, além de representar um acontecimento em filosofia, cada um desses pensadores representa um momento de loucura: a loucura de ser cativado por uma ideia (como apaixonar-se, como Sócrates sob a atração do demônio); a loucura no cerne do *cogito* de Descartes (o que os místicos chamam de "noite do mundo", o abandono da realidade externa rumo ao abismo da subjetividade); e a loucura do idealismo absoluto de Hegel, que pretende estender toda a riqueza da realidade à autoimplementação da ideia. Pode-se dizer, assim, que as filosofias que seguem Platão, Descartes e Hegel são todas tentativas de conter/controlar esse excesso de loucura, de renormalizá-la, de reinscrevê-la no fluxo normal das coisas.

Entretanto a principal razão para tratar desses três pensadores é de outra ordem. Não apenas cada um deles representa um acontecimento do pensamento, mas eles também são *filósofos do acontecimento*, ou seja, o próprio foco de cada acontecimento: o acontecimento do encontro arrasador com uma ideia de

Platão; a emergência de um *cogito* puramente acontecimental, uma fenda na grande cadeia do ser, em Descartes; e o absoluto em si – a totalidade que abrange tudo aquilo que existe – como uma autoimplementação acontecimental, como o resultado de sua própria atividade, em Hegel.

Conexão 4.1. A verdade dói

Na versão para livro didático do idealismo de Platão, a única realidade verdadeira é a ordem eterna e imutável das ideias, enquanto a realidade material em mutação constante é apenas sua frágil sombra. Nessa visão, os acontecimentos pertencem a nossa instável realidade material; não dizem respeito à ordem eterna das ideias onde precisamente nada acontece. Seria essa, contudo, a única leitura possível de Platão? Lembremos a descrição que ele faz de Sócrates quando tomado por uma ideia: é como se Sócrates fosse vítima de um ataque histérico, permanecendo congelado no mesmo lugar durante horas, cego à realidade à sua volta – Platão não estaria descrevendo aqui um acontecimento por excelência, um súbito encontro traumático com outra dimensão, suprassensível, que nos atinge como um raio e desintegra toda a nossa vida? Para Platão, a primeira forma, e a mais elementar, de um encontro como esse é a experiência do amor, e não admira que, em seu diálogo *Fedro*, ele compare o amor à loucura, a estar possuído – não é o que acontece quando nos vemos amando apaixonadamente? O amor não seria uma espécie de estado de exceção permanente? Todos os equilíbrios adequados de nossa vida cotidiana são perturbados, tudo que fazemos é adornado pela ideia subjacente "daquilo" – ou, como Neil Gaiman, autor da famosa *graphic novel Sandman*, escreveu numa passagem memorável:

> Você já se apaixonou? Horrível, não? Isso o deixa tão vulnerável. Abre o seu peito e seu coração, e significa que alguém pode entrar dentro de você e o perturbar. Você constrói todas essas defesas, constrói toda uma armadura de modo que nada possa magoá-lo, e aí uma pessoa estúpida, não diferente de qualquer outra pessoa estúpida, vem parar em sua vida estúpida ... Você lhes dá um pedaço de si. Elas não pediram. Elas fizeram uma coisa burra um dia, como beijá-lo ou sorrir para você, e então sua vida não é mais sua. O amor faz reféns. Entra dentro de você. Ele o devora e o deixa chorando na escuridão, de modo que uma frase simples como "talvez devêssemos ser apenas amigos" se transforma num estilhaço tentando achar o caminho do seu coração. Isso machuca. Não só na imaginação. Não apenas na mente. É uma dor na alma, uma dor que entra em você e o destrói totalmente. Odeio o amor.[54]

Tal situação está além do bem e do mal. Quando amamos, sentimos uma indiferença esquisita em relação a nossas obrigações morais com respeito a nossos pais, filhos, amigos – mesmo que continuemos a encontrá-los, nós o fazemos de maneira mecânica, numa condição "como se"; tudo empalidece em comparação com nosso apego apaixonado. Nesse sentido, apaixonar-se é como a extraordinária luz que atingiu Saulo/Paulo na estrada de Damasco: uma espécie de suspensão religiosa do ético, para usar uma expressão de Kierkegaard. Intervém um absoluto que obstrui o curso de nossos procedimentos cotidianos: não é tanto que a hierarquia padrão de valores se inverta – trata-se de algo muito mais radical; outra dimensão entra em cena, um nível diferente de ser. O filósofo francês Alain Badiou examinou o paralelo entre a busca atual de um parceiro sexual (ou marital) por meio de agências de encontros e o antigo processo dos casamentos arranjados: em ambos os casos, o risco de se apaixonar é eliminado. Não há propriamente uma "queda" contingente, o risco de um "encontro amoroso" é minimizado por arranjos anteriores que levam em conta todas as conveniências materiais e psicológicas das partes interessadas. O psicólogo Robert Epstein leva essa ideia a sua conclusão lógica, fornecendo uma contrapartida ausente: uma vez tendo escolhido o parceiro adequado, como você pode arranjar as coisas de modo que ambos venham efetivamente a amar um ao outro? Esse procedimento de escolha de um parceiro baseia-se na autocomodificação: por meio de sites de namoro ou agências matrimoniais, cada parceiro potencial se apresenta como uma mercadoria, relacionando suas qualidades e fornecendo fotos. Dentro desse modelo, se nos casamos hoje é cada vez mais para renormalizar a violência de se apaixonar, a violência simpaticamente indicada por um termo basco – *maitemindu* –, que, literalmente traduzido, significa "ser ferido pelo amor". É também por essa razão que estar na posição do amado é tão violento, até mesmo traumático. Com efeito, os conhecidos versos de W.B. Yeats sobre o amor descrevem uma das constelações mais claustrofóbicas que se possa imaginar:

> Had I the heavens' embroidered cloths,
> Enwrought with golden and silver light,
> The blue and the dim and the dark cloths

Of night and light and the half-light,
I would spread the cloths under your feet:
But I, being poor, have only my dreams;
I have spread my dreams under your feet,
Tread softly because you tread on my dreams.[55]*

Em suma, como disse o filósofo e escritor francês Gilles Deleuze (1925-95), *"si vous êtes pris dans rêve de l'autre, vous étez foutu!"* ("se você se enreda no sonho do outro, você está fodido!"). E, evidentemente, nós nos enredamos da mesma forma num envolvimento político autêntico. Em seu *O conflito das faculdades*, escrito em meados do século XVIII, Immanuel Kant faz uma pergunta simples, mas difícil: existe um progresso verdadeiro na história? (Ele falava do progresso ético em liberdade, não apenas do desenvolvimento material.) Kant reconheceu que a história real é confusa e não fornece provas claras: imagine como o século XX trouxe democracia e bem-estar sem precedentes, mas também o holocausto e o gulag. Não obstante, ele concluiu que, embora não se possa provar o progresso, podemos discernir sinais que indicam que o progresso é possível. Kant interpretou a Revolução Francesa como um sinal apontando para a possibilidade da liberdade. Aqui, o até então impensável aconteceu – todo um povo afirmou corajosamente sua liberdade e igualdade. Para Kant, até mais importante do que a realidade – frequentemente sangrenta –

---

* Em tradução livre: "Tivesse eu os tecidos bordados do céu,/ Feitos de dourada e prateada luz,/ Os tecidos azuis e turvos e escuros/ Da noite, da luz e da meia-luz,/ Eu espalharia os tecidos sob seus pés./ Mas eu, sendo pobre, tenho apenas meus sonhos;/ Espalhei meus sonhos sob seus pés,/ Pise suavemente porque você está pisando nos meus sonhos." (N.T.)

do que se passou nas ruas de Paris foi o entusiasmo que os acontecimentos da França provocaram nos corações de observadores solidários por toda a Europa e mesmo pelo mundo:

> A recente revolução de um povo espiritualmente rico, que vimos acontecer em nossos dias, pode ter sucesso ou fracassar; pode ser cheia de misérias e atrocidades, a tal ponto que um homem ponderado, se pudesse, empreendendo-a pela segunda vez, esperando realizá-la com sucesso, nunca se decidiria, entretanto, a tentar a experiência por um tal preço: essa revolução encontra, porém, no espírito de todos os espectadores (que não estão pessoalmente implicados neste jogo), uma tomada de posição no que concerne aos seus desejos, que confina com o entusiasmo, e cuja exteriorização comportava um perigo. Essa tomada de posição não poderia ter outra causa senão uma disposição moral da espécie humana.[56]

Será que não nos defrontamos com algo da mesma ordem quando, em 2011, seguimos com entusiasmo o levante egípcio na praça Tahrir, no Cairo? Independentemente de nossos medos, dúvidas e comprometimentos, naquele instante de entusiasmo cada um de nós era livre e participava da liberdade humana universal. Para os historicistas céticos de hoje, um acontecimento assim continua sendo um produto confuso de frustrações e ilusões sociais, uma explosão que provavelmente vai levar a uma situação ainda pior do que aquela que a originou. Mas o que esses céticos não conseguem ver é a natureza "milagrosa" dos acontecimentos no Egito: aconteceu uma coisa que poucos previram, violando as opiniões dos "especialistas", já que a revolta não foi simplesmente o resultado de causas sociais, mas da intrusão de uma agência externa na história, aquela que podemos denominar, de maneira platônica, a ideia eterna de liberdade, justiça e dignidade. Tais acontecimentos milagrosos também podem assumir a forma de uma experiência pessoal momentânea. Jorge Semprún, membro do Partido Comunista espanhol exilado na França e preso pela Gestapo em 1943, testemunhou a chegada a Buchenwald de um caminhão cheio de judeus poloneses; tinham sido empilhados num trem de carga, quase duzentos num vagão, viajado durante dias sem comida nem água no inverno mais frio da guerra. Na chegada, todos os que estavam no trem tinham congelado até a morte, com a exceção de quinze crianças, mantidas aquecidas pelos outros no meio do monte de cadáveres. Quando as crianças foram tiradas do vagão, os nazistas soltaram os cães sobre elas. Logo, apenas duas crianças em fuga haviam sobrado:

> A menor começou a ficar para trás, os SS grunhiam atrás delas e depois os cachorros começaram a grunhir também, enlouquecidos pelo cheiro de sangue, e então a maior das duas crianças diminuiu o passo para pegar a mão da menor ... juntas, percorreram mais alguns metros ... até os golpes dos porretes caírem sobre elas e, juntas, tombarem de cara no chão, as mãos unidas para toda a eternidade.[57]

O que não deve escapar à nossa atenção é que o congelamento da eternidade está incorporado na mão como objeto parcial: enquanto os corpos dos dois meninos perecem, suas mãos apertadas persistem por toda a eternidade como o sorriso de um gato de Cheshire. Pode-se facilmente imaginar como essa cena deveria ser filmada: enquanto a trilha sonora mostra o que se passa na realidade (as duas crianças agredidas até a morte), a imagem de suas mãos apertadas congela, imobilizada para a eternidade – enquanto o som torna temporária a realidade, as imagens tornam eterno o real –, e a palavra eternidade deve ser tomada aqui no mais estrito sentido platônico. Há, contudo, entre a experiência relatada por Semprún e o platonismo padrão de livros didáticos, uma grande diferença que não pode passar despercebida: pela versão padrão, as ideias são a única realidade substancial verdadeira, enquanto no caso de Semprún estamos obviamente lidando com uma fugaz aparência ilusória de eternidade. Como podemos explicar essa diferença?

Numa das histórias de Agatha Christie, Hercule Poirot descobre que uma enfermeira feia é a mesma pessoa bonita que ele conhecera numa viagem transatlântica: ela tinha apenas colocado uma peruca que ofuscava sua natural beleza. Hastings, parceiro de Poirot ao estilo Watson, observa tristemente que, se uma bela mulher pode se fazer de feia, então a mesma coisa pode ser feita no sentido oposto: o que, então, permanece na fascinação do homem além da falsidade? Será que essa percepção da inconfiabilidade da mulher amada não anuncia o fim do amor? Poirot responde: "Não, meu amigo, isso anuncia o início da sabedoria." Esse ceticismo, essa consciência da natureza enganosa da beleza feminina, perde de vista o essencial, o fato de que essa beleza é, não obstante, absoluta, um absoluto que aparece: não importa quão frágil e enganosa seja ela no nível da realidade substancial, o que transpira nisso/através disso é um absoluto – existe mais verdade na aparência do que naquilo que se oculta sob ela.

Aí reside a verdadeira intuição de Platão, da qual ele próprio não estava plenamente ciente: as ideias não são a realidade oculta sob as aparências (e, de fato, Platão tinha muita consciência de que essa realidade oculta é constituída de matéria corrompida e em eterna mutação). Em vez disso, as ideias nada mais são que a própria forma de sua aparência, essa forma como tal. Tomemos um atrator matemático: uma forma ou conjunto de estados ideal, que não muda sob a dinâmica especificada, em relação ao qual uma variável (movendo-se segundo as regras de um sistema dinâmico) evolui com o tempo. A existência dessa forma é puramente virtual: ela não existe em si mesma, nada mais é que a forma para a qual tendem linhas e pontos. Entretanto, precisamente como tal, o virtual é o real desse campo: o ponto focal inamovível em torno do qual circulam todos os elementos – devemos atribuir aqui ao termo "forma" todo o seu peso platônico, de vez que estamos lidando com uma ideia "eterna" em que a realidade participa de maneira imperfeita.

Podemos agora avaliar a verdadeira dimensão da revolução filosófica de Platão, tão radical que foi mal interpretada por ele mesmo. Platão começa afirmando a brecha entre a ordem espaço-temporal da realidade em seu eterno movimento de geração e corrupção e a ordem eterna das ideias, ou seja, a noção de que a realidade empírica pode participar de uma ideia eterna, de que uma ideia eterna pode brilhar através dela, aparecer nela (ou seja, a mesa material individual à minha frente "participa" da ideia de mesa; é sua cópia). Onde Platão errou foi em sua ontologização das ideias: ele presumiu que as ideias formam outra ordem da realidade verdadeira, ainda mais substancial e estável do que nossa realidade material ordinária. O que Platão não estava pronto para aceitar (ou melhor, não era capaz) era a condição profundamente virtual, imaterial (ou melhor, insubstancial), *acontecimental* das ideias: ideias são algo que aparece momentaneamente na superfície das coisas. Lembremos a velha estratégia católica de proteger os homens das tentações da carne: quando você vê diante de si um voluptuoso corpo feminino, imagine como ele vai parecer daqui a algumas décadas – a pele enrugada e os seios caídos (ou, melhor ainda, imagine o que já está à espreita agora por baixo da pele: carne crua e ossos, fluidos internos, comida semidigerida e excrementos). O mesmo conselho fora dado por Marco Aurélio em seu *Meditações*, onde ele escreveu a respeito de fazer amor:

> uma coisa se esfregando no seu pênis, uma breve convulsão e um pouco de líquido opaco. Percepções como essa – cingir-se às coisas e depois penetrá-las, de modo a vermos o que realmente são. É isso que precisamos fazer o tempo todo – por toda a nossa vida quando coisas reclamarem nossa confiança: desnudá-las e ver como são insignificantes, privá-las da lenda que as contamina.[58]

Longe de promover um retorno ao real destinado a quebrar o feitiço imaginário do corpo, tal procedimento é igual à *fuga do real*, o real que se anuncia na aparência sedutora do corpo nu. Ou seja, na oposição entre a aparência espectral do corpo sexualizado e o corpo repulsivo que se deteriora, é a aparência espectral que é o real, e o corpo em deterioração que é a realidade – recorremos ao corpo em deterioração para evitar a fascinação mortal do real que ameaça sugar-nos para o seu vórtex.

Na arte contemporânea frequentemente encontramos tentativas brutais de "voltar ao real", lembrando ao espectador (ou leitor) que ele está percebendo uma ficção, para acordá-lo desse doce sonho. O gesto tem duas principais formas que, embora opostas, significam a mesma coisa. Na literatura ou no cinema, há advertências autorreflexivas de que o que estamos vendo é mera ficção – como atores na tela dirigindo-se diretamente a nós como espectadores, desse modo destruindo a ilusão da ficção narrativa, ou o escritor intervindo diretamente na narrativa por meio de comentários irônicos. No teatro, há ocasionalmente acontecimentos brutais que nos despertam para a realidade do palco (como, por exemplo, matar nele uma galinha). Em vez de interpretar esses gestos como tentativas de quebrar o feitiço da ilusão e confrontar-nos com o puro e simples real, deveríamos denunciá-los pelo que são: o exato oposto do que afirmam ser – *fugas do real*, tentativas desesperadas de evitar que o real transpire na (ou pela) própria ilusão.

É por isso que – retornando pela última vez ao amor – o amor não tem absolutamente nada a ver com uma fuga para um universo romântico idealizado em que todas as diferenças sociais concretas magicamente desapareçam. Mais uma vez citando Kierkegaard, "o amor acredita em tudo – e, no entanto, nunca é enganado"[59] – em contraste com o desconfiado que não acredita em nada e, não obstante, é intensamente iludido. A pessoa que desconfia de outras é, paradoxalmente, em sua própria e cínica descrença, a vítima da autoilusão mais radical: como diria Lacan, *les non-dupes errent* – ao cínico escapa a realidade da própria aparência, não importa quão efêmera, frágil e ilusória ela seja, enquanto o verdadeiro crente acredita em aparências, na dimensão mágica que "brilha através" de uma aparência: ele vê a bondade no outro enquanto o próprio outro não tem consciência dela. Aparência e realidade não são mais opostas: precisamente por acreditar em aparências, a pessoa que ama vê a outra da maneira que efetivamente é, e a ama por suas próprias imperfeições, não apesar delas. Quanto a isso, a noção oriental do vazio-substância-chão por sob as frágeis aparências enganadoras que constituem nossa realidade é o oposto da noção de que a realidade comum é que é sólida, inerte e está lá, e o absoluto é que é profundamente frágil e efêmero. Ou seja, o que é o absoluto? Algo que nos aparece em experiências efêmeras, digamos, por meio do sorriso gentil de uma mulher bonita, ou mesmo do sorriso caloroso e carinhoso de uma pessoa que de outra maneira poderia parecer feia e rude – nesses momentos milagrosos, mas *extremamente frágeis*, outra dimensão transpira através de nossa realidade. Como tal, o absoluto é facilmente desgastado; desliza com muita facilidade através de nossos dedos e deve ser tratado com tanto cuidado quanto uma borboleta. Em suma, o absoluto é um acontecimento puro, algo que simplesmente ocorre – ele desaparece antes mesmo de aparecer totalmente.

Conexão 4.2. O self acontecimental

Num dos episódios mais desconcertantes da série de TV *Alfred Hitchcock apresenta*, "O olho de vidro", Jessica Tandy interpreta uma mulher solitária que se apaixona por um ventríloquo, Max Collodi. Quando toma coragem para se aproximar dele sozinha em seu camarim, ela declara seu amor e vai em frente para abraçá-lo, só para descobrir que está segurando em suas mãos a cabeça de um boneco de madeira. Depois que ela se retira horrorizada, o "boneco" se levanta e tira a máscara, e vemos o rosto de um velho e triste anão que pula sobre a mesa, pedindo desesperadamente que a mulher vá embora; o ventríloquo é de fato o boneco, enquanto o grotesco boneco é na verdade o ventríloquo. É o órgão morto "destacável", o objeto parcial, que efetivamente está vivo, e cujo fantoche morto é a pessoa "real": a pessoa "real" está meramente viva, uma máquina de sobrevivência, um "animal humano", enquanto o sujeito falante real habita o complemento aparentemente "morto". Em outras palavras, quando um ser humano fala, não é sua presença corporal concreta que fala, mas uma entidade espectral dentro dela, um "fantasma da máquina" mais real que a realidade corpórea da pessoa em questão. Essa violenta reversão da relação usual entre a substância corpórea e sua alma é o que Descartes promove com sua noção de *cogito*: o sujeito pensante não é a alma que está presente dentro do corpo, mas um intruso estranho, um homúnculo que fala por meio deste. É por causa dessa reversão violenta que Descartes foi capaz de afirmar abertamente a condição acontecimental (não substancial) de seu princípio básico: o *cogito* cartesiano não é a forma substancial de um corpo, mas designa simplesmente o processo de pensamento sem objeto – "Penso, logo existo".[60]

O que se deve ter sempre em mente quando se fala do *cogito*, da redução de um ser humano ao ponto abissal de pensar sem nenhum objeto externo, é que não estamos lidando aqui com jogos bobos e extremamente lógicos ("imagine que só você existisse..."), mas com a descrição de uma experiência existencial muito precisa de autorretração radical, de desqualificação da existência de toda realidade à minha volta como uma etérea ilusão, que é bem conhecida em psicanálise (como retração psicótica), assim como no misticismo religioso (sob o nome da chamada "noite do mundo"). Depois de Descartes, essa ideia foi empregada no insight básico de Friedrich Wilhelm Joseph Schelling (1775-1854), o grande idealista alemão para quem, antes de sua afirmação como veículo da palavra racional, o sujeito é a "infinita falta do ser" – *"unnendliche Mangel an Sein"* –, o violento gesto de contração que nega todo ser fora de si mesmo. Essa ideia também forma o cerne da noção de loucura de Hegel: quando este determina a loucura como sendo uma retirada do mundo real, o fechamento da alma em si mesma, sua "contração", o corte de seus vínculos com a realidade externa, rapidamente concebe essa retirada como uma "regressão" ao nível da "alma animal" ainda inserida em seus territórios naturais e determinada pelo ritmo da natureza (o dia e a noite, as estações etc.). Entretanto será que essa retirada, pelo contrário, não designa o corte desses vínculos com o *Umwelt* ou meio ambiente, o fim da imersão do sujeito em seus territórios, e não seria ela, como tal, o gesto fundador da "humanização"? Será que essa retirada para o si mesmo não foi alcançada por Descartes em sua dúvida universal e redução ao *cogito*, que também envolve uma passagem pelo momento de loucura radical? Num fragmento de sua "Jenaer realphilosophie", Hegel usa o termo místico "noite do mundo" para caracterizar sua experiência do eu puro, da contração para o si mesmo do sujeito que envolve o eclipse da realidade (constituída):

> O ser humano é essa noite, esse nada vazio, que contém tudo em sua simplicidade – uma riqueza infinita de representações, de imagens, das quais nenhuma lhe pertence – ou que não estão presentes. Essa noite, a interioridade da Natureza que existe aqui –

o Eu puro – em representações fantasmagóricas, é noite à sua volta; surge então uma cabeça ensanguentada aqui – mais adiante, outra aparição branca, e elas desaparecem também de repente. É essa noite que se percebe quando se olha um ser humano bem nos olhos: uma noite que se torna terrível.[61]

A ordem simbólica, o universo da palavra, *logos*, só pode surgir da experiência desse abismo. Como diz Hegel, essa interioridade do Eu puro "deve também entrar em existência, tornar-se um objeto, opor-se a que essa internalidade se torne externa; retornar ao ser. Essa linguagem como poder nomeador ... Pelo nome, o objeto como entidade individual nasce do eu".[62] O que temos de ter cuidado para não perder aqui é o modo como Hegel rompe com a predominante tradição iluminista que pode ser discernida no reverso da própria metáfora do sujeito: o sujeito não é mais a Luz da Razão em oposição à Matéria (da Natureza, Tradição etc.) impenetrável e opaca; sua própria substância, o gesto que abre espaço para a Luz do Logos, é a negatividade absoluta, a "noite do mundo", o ponto de loucura total em que aparições fantásticas de "objetos parciais" surgem à toda volta. Consequentemente, não existe subjetividade sem esse gesto de retração – motivo pelo qual Hegel está plenamente justificado ao inverter a questão padrão de como é possível a queda/regressão à loucura: a verdadeira questão é, isto sim, como o sujeito é capaz de sair da loucura e alcançar a "normalidade". Ou seja, a retração para si, o rompimento dos vínculos com os ambientes, é seguida pela construção de um universo simbólico que o sujeito projeta sobre a realidade como uma espécie de formação-substituta, destinada a nos recompensar pela perda do real imediato, pré-simbólico. Em suma, a necessidade ontológica da "loucura" reside no fato de não ser possível passar diretamente da "alma animal" pura, imersa em seus ambientes naturais, à subjetividade "normal" que reside em seus ambientes virtuais simbólicos: o "mediador evanescente" entre as duas é o gesto "louco" da retração radical em relação à realidade, que abre espaço para sua (re)constituição simbólica.

Assim, o verdadeiro ponto de "loucura" não é o puro excesso da "noite do mundo", mas a loucura da passagem ao próprio simbólico, de impor uma ordem simbólica ao caos do real. (Freud, em sua análise do paranoico juiz Daniel Paul Schreber, assinala como o "sistema" paranoico não é loucura, mas uma tentativa desesperada de *fugir* dela – a desintegração do universo simbólico – por meio de um pseudouniverso de significado.)[63] Se a loucura é constitutiva, então *todo* sistema de significado é minimamente paranoico, "louco". "O que é o roubo de um banco comparado à fundação de um novo banco?" Da mesma forma, deveríamos dizer: o que é a mera loucura causada pela perda da razão comparada à loucura da própria razão?

Não admira, assim, que encontremos o *cogito* cartesiano no próprio cerne daquilo que hoje está emergindo como a forma predominante de patologia, o chamado sujeito pós-traumático. Nossa realidade sociopolítica impõe múltiplas versões de interferências externas, traumas, que são exatamente isso – interrupções brutais, sem sentido, que destroem a textura simbólica da identidade do sujeito. Primeiro, temos a violência física externa: ataques terroristas como o 11 de Setembro, o bombardeio do Iraque, ao estilo "choque e pavor", pelos Estados Unidos, violência nas ruas, estupros etc., mas também catástrofes naturais como terremotos, tsunamis e assim por diante. Depois vem a destruição "irracional" (sem sentido) da base material de nossa realidade interior – tumores cerebrais, mal de Alzheimer, lesões cerebrais orgânicas etc. –, que pode mudar profundamente – até destruir – a personalidade da vítima. Finalmente, temos os três efeitos destrutivos da violência sociossimbólica mediante a exclusão social etc. Em sua maioria, essas formas de violência são bem conhecidas há séculos, algumas mesmo desde a própria pré-história da humanidade. O que é novo hoje é que, como vivemos numa era pós-religiosa "desencantada", elas são mais diretamente vivenciadas como interferências sem sentido do real e, por essa mesma razão, embora profundamente diferentes em sua natureza, parecem pertencer à mesma série e produzir o mesmo efeito. (É fato histórico que o estupro só foi caracterizado como crime no século XX.)

Um sujeito pós-traumático é, desse modo, uma vítima que, por assim dizer, sobrevive à própria morte. Todas as diferentes formas de encontros traumáticos, independentemente de sua natureza específica (social, natural, biológica, simbólica), levam ao mesmo resultado: surge um novo sujeito que sobrevive à morte (revogação) de sua identidade simbólica. Não há continuidade entre esse novo sujeito pós-traumático (digamos, a vítima do Alzheimer) e sua antiga identidade: depois do choque, surge literalmente um novo sujeito. Suas características são bem conhecidas a partir de numerosas descrições: falta de envolvimento emocional, indiferença e alheamento profundos; é um sujeito que não está mais "no mundo" no sentido heideggeriano de uma existência encarnada engajada. O sujeito *vive a morte como forma de vida*.

A dimensão propriamente filosófica do estudo do sujeito pós-traumático reside nesse reconhecimento de que o que aparece como a destruição brutal da própria identidade substancial (narrativa) do sujeito é o momento de seu nascimento. O sujeito autista pós-traumático é a "prova viva" de que o sujeito não pode ser identificado (ou não coincide totalmente) com as "histórias que ele conta sobre si mesmo", com a textura narrativa simbólica de sua vida: quando afastamos tudo isso, alguma coisa (ou melhor, *nada*, apenas uma *forma* de nada) permanece, e essa coisa é o sujeito puro. Deveríamos, assim, aplicar também ao sujeito pós-traumático a noção freudiana de que uma interferência violenta do real só corresponde a um trauma se um trauma anterior ecoar nela – *nesse caso, o trauma anterior é o do nascimento do próprio sujeito*: um sujeito surge quando um indivíduo vivo é privado de seu conteúdo substancial, e seu trauma constitutivo é repetido na experiência traumática atual. É a isso que visa Lacan com sua afirmação de que o sujeito freudiano não é outro senão o *cogito* cartesiano: o *cogito* não é uma "abstração" da realidade de indivíduos vivos, reais, com a riqueza de suas propriedades, emoções, habilidades e relações; é, pelo contrário, essa "riqueza da personalidade" que funciona como a imaginária "substância do eu" de Lacan; o *cogito* é, em claro contraste com isso, uma "abstração" muito real, uma "abstração" que funciona como atitude subjetiva concreta. O sujeito pós-traumático, reduzido a uma forma vazia de subjetividade, sem substância, é a "realização" histórica do *cogito* – lembremos que, para Descartes, o *cogito* é o ponto zero da sobreposição do pensar e do ser em que o sujeito, de certa forma, nem "é" (ele é privado de todo conteúdo substancial positivo) nem "pensa" (seu pensamento é reduzido à tautologia vazia de pensar que ele pensa).

Assim, quando a filósofa francesa hegeliana Catherine Malabou afirma que o sujeito pós-traumático não pode ser considerado nos termos freudianos da repetição de um trauma anterior (já que o choque traumático apaga todos os vestígios do passado), ela permanece demasiadamente concentrada no conteúdo traumático e se esquece de incluir na série de memórias traumáticas a própria revogação do conteúdo substancial, a própria subtração da forma vazia de seu conteúdo.[64] Em outras palavras, precisamente na medida em que revoga todo o conteúdo substancial, o choque traumático *repete* o passado, ou seja, o passado traumático perde a substância que é constitutiva da própria dimensão da subjetividade. *O que se repete aqui não é um conteúdo antigo, mas o próprio gesto de revogar todo conteúdo substancial*. É por isso que, quando se submete um sujeito humano a uma intrusão traumática, o resultado é a forma vazia do sujeito "morto-vivo", mas quando se faz o mesmo a um animal, o resultado é simplesmente uma devastação total: o que permanece depois que uma intrusão traumática atinge o sujeito humano e revoga todo o seu conteúdo substancial é a subjetividade em sua forma pura, a forma que já devia estar ali.

Dito de outra forma, o sujeito é o maior exemplo daquilo que Freud descreveu como a experiência da "castração feminina" que fundamenta o fetichismo: a experiência de não encontrar nada onde se esperava ver alguma coisa (o pênis). Se a questão filosófica fundamental é "por que há algo em vez do nada?", a questão levantada pelo sujeito é "por que não existe nada onde deveria haver alguma coisa?". A forma mais recente dessa surpresa ocorre nas ciências do cérebro: quando se procura a "substância material" da consciência, descobre-se que "não há ninguém em casa" ali – apenas a presença inerte de um pedaço de carne chamado "cérebro". Assim, onde está o sujeito aqui? Em lugar algum. Não é a autofamiliaridade da consciência nem, evidentemente, a simples presença da matéria cerebral. Quando se olha no olho um sujeito autista, também se tem a sensação de que "não há ninguém em casa" – mas, em contraste com a presença crua de um objeto morto como o cérebro, espera-se que haja alguém/alguma coisa ali porque o espaço aberto para esse alguém está lá. Esse é o sujeito em seu nível zero, como uma casa vazia em que "não há ninguém".

> Matar a sangue-frio, "explodir a si mesmo", como se costumava dizer, organizar o terror, dar-lhe a face de um acontecimento casual esvaziado de sentido: será que ainda é mesmo possível explicar esses fenômenos evocando a dupla sadismo-masoquismo? Não percebemos que sua fonte está em outro lugar, não nas transformações do amor em ódio, ou do ódio na indiferença ao ódio, ou seja, num além do princípio do prazer dotado de sua própria plasticidade que é hora de conceitualizar?[65]

Se alguém deseja ter uma ideia do *cogito* em sua forma mais pura, seu "grau zero", tem de dar uma olhada nesses sujeitos "autistas" – uma olhada que é muito dolorosa e perturbadora. É por isso que resistimos tão obstinadamente ao espectro do *cogito*.

Conexão 4.3. La vérité surgit de la méprise*

Essa é a conexão propriamente "hegeliana" – motivo por que Hegel, o filósofo que fez a tentativa mais radical de considerar o abismo da loucura no cerne da subjetividade, é também aquele que levou a seu clímax "insano" o sistema filosófico como a totalidade do significado. É por isso que, por boas razões, "Hegel" representa para o senso comum o momento em que a filosofia enlouquece e explode numa louca pretensão ao "conhecimento absoluto". Mas o argumento de Hegel aqui é muito mais refinado: não que tudo seja loucura, mas que a "normalidade", o domínio da razão, é uma autoanulação da loucura, da mesma forma que a norma da lei é a autoanulação do crime. No thriller religioso de G.K. Chesterton *O homem que foi quinta-feira*, o misterioso chefe de um departamento supersecreto da Scotland Yard é convencido de que "uma conspiração puramente intelectual iria em breve ameaçar a própria existência da civilização":

> Ele está certo de que os mundos científico e artístico estão silenciosamente envolvidos numa cruzada contra a Família e o Estado. Formou, assim, um corpo especial de policiais, policiais que também são filósofos. É o trabalho deles acompanhar o início dessa conspiração, num sentido não apenas criminal, mas também de argumentação ... O trabalho dos policiais-filósofos ... é ao mesmo tempo mais audacioso e mais sutil que o dos detetives comuns. O detetive comum vai aos pubs para prender ladrões; nós vamos a encontros sociais para detectar pessimistas. O detetive

---

* "A verdade surge do desprezo." (N.T.)

comum descobre a partir de um livro contábil ou de um diário que um crime será cometido. Nós temos de buscar a origem desses pensamentos ameaçadores que conduzem as pessoas, no final, ao fanatismo e ao crime intelectuais.⁶⁶

Numa versão ligeiramente alterada dessa ideia, o crime político real seria denominado "totalitarismo" e o crime filosófico, condensado na noção de "totalidade". Uma rota direta leva da noção filosófica de totalidade ao totalitarismo político, e a tarefa da "polícia filosófica" é descobrir, a partir de um livro com os diálogos de Platão ou de um tratado sobre o contrato social de Rousseau, que um crime político será cometido. O policial político comum vai a encontros secretos para prender revolucionários; o policial filosófico vai a simpósios de filosofia para detectar proponentes da totalidade. O policial antiterrorista comum tenta detectar aqueles que se preparam para explodir prédios e pontes; o policial filosófico tenta detectar os que pretendem desconstruir os alicerces religiosos e morais de nossas sociedades.

Essa análise provocativa demonstra a limitação de Chesterton – ele não está sendo suficientemente hegeliano. O que ele não percebe é que o *crime universal(izado) não é mais um crime – ele anula (nega e supera) a si mesmo como crime e se transforma de transgressão em uma nova ordem*. Ele está correto quando afirma que, comparados a um filósofo "inteiramente transgressor", ladrões, bígamos, mesmo assassinos são essencialmente virtuosos: um gatuno é um "homem condicionalmente bom", ele não nega a propriedade em si, só deseja ter mais dela para si mesmo e está, portanto, pronto a respeitá-la. Entretanto a conclusão a se extrair disso é que o crime como tal é "essencialmente moral", que deseja apenas um reordenamento particular ilegal da ordem moral global, a qual deve, em si, permanecer. E, num verdadeiro espírito hegeliano, dever-se-ia levar essa proposição (da "moralidade essencial" do crime) a seu reverso imanente: não apenas o crime é "essencialmente moral" (em hegelianês: um momento inerente ao emprego dos antagonismos e "contradições" internos da própria noção de ordem moral, não algo que perturbe essa ordem a partir de fora, como uma intromissão acidental), mas a moral em si é essencialmente criminosa; uma vez mais, não apenas no sentido de que uma ordem moral universal necessariamente "nega a si mesma" em determinados crimes, mas, de modo mais radical, no sentido de que o modo como a moral (no caso de roubo, a propriedade) se afirma já é em si mesmo um crime – "propriedade é crime", como costumavam dizer no século XIX. Isso significa que se deve passar do roubo como violação criminal particular da forma universal de propriedade a essa forma em si como violação criminal. O que Chesterton não consegue perceber é que o "crime universalizado" que ele projeta na "ilícita filosofia moderna" e seu equivalente político, o movimento "anarquista" que visa a destruir a totalidade da vida civilizada, *já existem* sob o disfarce da norma da lei atual, de modo que o antagonismo entre lei e crime se revela como imanente ao crime, como o antagonismo entre crime universal e particular.

Foi nesse sentido que Chesterton afirmou o caráter verdadeiramente subversivo, revolucionário até, da ortodoxia – em seu famoso "Uma defesa das histórias de detetive", ele observa como esse gênero "mantém, num certo sentido, diante da mente, o fato de que a própria civilização é o mais sensacional dos desvios e a mais romântica das rebeliões ... O romance policial é baseado no fato de que a moral é a mais sombria e assustadora das conspirações".[67] Aí reside a matriz elementar do processo dialético hegeliano: a oposição externa (entre a lei e a transgressão criminosa) é transformada na oposição, interna à própria transgressão, entre transgressões particulares e a transgressão absoluta que aparece como o seu oposto, a lei universal. Esse argumento foi claramente apresentado por ninguém menos que Richard Wagner, que, no rascunho de sua peça *Jesus de Nazaré*, escrita em algum momento entre o fim de 1848 e o início do ano seguinte, atribui a Jesus uma série de complementos alternativos aos mandamentos:

> Diz o mandamento: "Não cometerás adultério!" Mas eu digo-te: "Não casarás sem amor." Um casamento sem amor destrói-se assim que firmado, e quem tiver cortejado sem amor já terá destruído o casamento. Se seguires meu mandamento, como poderás desobedecer-lhe, visto que este proclama que faças o que desejam teu corpo e tua alma? – Mas casa sem amor e estarás em discórdia com a lei de Deus, pecarás no casamento contra Deus; e o pecado vinga-se em tua luta contra a lei dos homens, pois quebras os votos.[68]

O verdadeiro adultério não é copular fora do casamento, mas copular num casamento sem amor: o simples adultério apenas viola a lei a partir de fora, enquanto o casamento sem amor a destrói a partir de dentro, voltando a letra da lei contra seu espírito. Parafraseando Brecht: que é um simples adultério comparado ao (adultério que é um) casamento (sem amor)? Não é por acaso que a fórmula subjacente de Wagner, "casamento é adultério", faz lembrar o lema do anarquista Pierre-

Joseph Proudhon "propriedade é roubo" – nos turbulentos tempos revolucionários de 1848, Wagner não era apenas um feuerbachiano celebrando o amor sexual,[69] mas também um revolucionário proudhoniano exigindo a abolição da propriedade privada; assim, não admira que, um pouco adiante na peça, atribua a Jesus um complemento proudhoniano ao "Não roubarás":

> Também esta é uma boa lei: "Não roubarás", não cobiçarás os bens de outrem. Aqueles que não obedecem pecam, mas livro-te desse pecado, pois ensino: "Ama ao próximo como a ti mesmo" significa que não armazenarás riquezas para ti mesmo, pois assim estarás roubando do próximo e o fazendo ter fome: pois quando tens teus bens salvaguardados pela lei dos homens, incitas o próximo a pecar contra a lei.[70]

Essa guinada é a da *distorção de uma noção* para uma *distorção constitutiva dessa noção*: a guinada do roubo como distorção ("negação", violação) da propriedade para a dimensão do roubo inscrita na própria posição da propriedade (ninguém tem o direito de possuir plenamente os meios de produção, sua natureza é inerentemente coletiva, de modo que qualquer afirmação de que "isso é meu" é ilegítima). Como acabamos de ver, o mesmo vale para o crime e a lei, para a passagem do crime como distorção ("negação") da lei para o crime como suporte da própria lei, ou seja, à ideia da própria lei como crime universalizado. Deve-se notar como a unidade abrangente dos dois termos opostos (propriedade e roubo, lei e crime) é "mínima", "transgressiva": não é crime aquilo que constitui um momento de autoanulação da lei (ou o roubo que constitui um momento de autoanulação da propriedade); a oposição crime-lei é inerente ao crime, a lei é uma subespécie do crime – a negação autorrelacional do crime (da mesma forma que a propriedade é a negação autorrelacional do roubo).

É só contra esse pano de fundo que podemos apreender o que Hegel pretendeu com sua noção de "saber absoluto" – a fórmula aqui é: afaste a ilusão e você perde a própria verdade. Uma verdade precisa de tempo para empreender uma jornada através das ilusões a fim de formar a si mesma. Deve-se trazer Hegel de volta à série Platão-Descartes-Hegel, correspondendo à tríade objetivo-subjetivo-absoluto. As ideias de Platão são objetivas, a verdade encarnada; o sujeito cartesiano representa a certeza incondicional de minha autoconsciência subjetiva. E Hegel, que acrescenta ele? Se esse "subjetivo" é o que é relativo a nossas limitações subjetivas e "objetivo" é o modo como as coisas realmente são, o que o "absoluto" acrescenta a isso? Resposta de Hegel: o "absoluto" não acrescenta uma dimensão mais profunda, mais substancial – ele inclui a ilusão (subjetiva) na própria verdade (objetiva). A perspectiva "absoluta" faz-nos ver como a realidade inclui a ficção (ou fantasia), como a escolha certa só surge depois da errada. Hegel, assim, nos manda virar pelo avesso toda a história da filosofia, que constitui uma série de esforços para diferenciar claramente a *doxa* (opinião popular) do verdadeiro conhecimento: para ele, a *doxa* é uma parte constitutiva do conhecimento, e é isso que torna a verdade temporária e acontecimental. Esse caráter acontecimental da verdade envolve um paradoxo lógico empregado por Jean-Pierre Dupuy, um teórico contemporâneo francês da racionalidade e das catástrofes, em seu admirável texto sobre *Um corpo que cai*, de Hitchcock:

Um objeto possui uma propriedade x até o momento t; depois disso, não é que o objeto não tenha mais a propriedade x, é que não é verdade que ele possuísse x em momento algum. O valor-verdade da proposição "o objeto O tem a propriedade x no momento t", portanto, depende do momento em que essa proposição é enunciada.[71]

Deve-se notar aqui a formulação precisa: não é que o valor-verdade da proposição "o objeto O tem a propriedade x" dependa do momento a que essa proposição se refere: mesmo quando esse momento é especificado, *o valor-verdade depende do momento em que a própria proposição é enunciada*. Ou, citando o título do texto de Dupuy, "Quando eu morrer, nada de nosso amor terá jamais existido". Pense no casamento e no divórcio: o argumento mais inteligente em favor do direito ao divórcio (apresentado, entre outros, por ninguém menos que o jovem Marx) não se refere a vulgaridades ao estilo "assim como todas as coisas, as ligações amorosas também não são eternas, elas mudam no curso do tempo" etc.; em vez disso, ele reconhece que a indissolubilidade está na própria noção de casamento. A conclusão é que o divórcio sempre tem um escopo retroativo: não significa apenas que o casamento está agora anulado, porém algo mais radical – *um casamento deve ser anulado porque nunca foi um verdadeiro casamento*. (O mesmo vale para o comunismo soviético: é claramente insuficiente dizer que, na era Brejnev, ele "estagnou", "exauriu seus potenciais, não se adequando mais aos novos tempos"; o que seu miserável fim demonstra é que ele foi um impasse histórico *desde o princípio*.)

Esse paradoxo fornece a pista para as voltas e reviravoltas do processo dialético hegeliano. Tomemos a crítica que Hegel faz do Terror revolucionário jacobino como um exercício de negatividade abstrata da liberdade absoluta que não pode estabilizar-se numa ordem social de liberdade concreta e assim deve terminar na fúria da autodestruição. Entretanto deve-se ter em mente que, na medida em que estamos lidando aqui com uma escolha histórica (entre a maneira "francesa" de permanecer com a ordem social católica, e assim ser obrigada a se envolver com o Terror revolucionário autodestrutivo, e a maneira "alemã" da Reforma), essa escolha envolve precisamente o mesmo paradoxo dialético elementar do que aquela – também de *A fenomenologia do espírito* (1807) – entre as duas leituras de "o espírito é um osso" que Hegel ilustra com a metáfora fálica (o falo como o órgão de inseminação ou como o órgão de micção): o argumento de Hegel *não* é que, em contraste com a mente empirista vulgar que só vê a micção, a atitude especulativa adequada tenha de escolher a inseminação. O paradoxo é que a escolha direta da inseminação é a maneira infalível de errar: não é possível escolher diretamente o "verdadeiro significado", ou seja, *deve-se* começar fazendo a escolha "errada" (a da micção); o verdadeiro significado especulativo surge apenas pela leitura repetida, como a consequência (ou produto colateral) da primeira leitura, "errada". E o mesmo se aplica à vida social em que a escolha direta da "universalidade concreta" de um mundo de vida ético particular só pode terminar numa regressão à sociedade orgânica pré-moderna, que nega o direito infinito da subjetividade como característica fundamental da modernidade. Já que o sujeito-cidadão de um Estado moderno não pode mais aceitar sua imersão em algum papel social particular que lhe confira um espaço determinado dentro do todo social orgânico, o único caminho para a totalidade racional do Estado moderno passa pelo Terror revolucionário: dever-se-ia eliminar sem remorso as limitações da "universalidade concreta" orgânica pré-moderna e afirmar plenamente o direito infinito da subjetividade em sua negatividade abstrata. Em outras palavras, o aspecto central da análise de Hegel do projeto do Terror revolucionário envolvia a afirmação direta unilateral da razão universal abstrata, e como se destinava a perecer ante a fúria autodestrutiva, de vez que era incapaz de organizar a transposição de sua energia revolucionária para uma ordem social concreta, estável e diferenciada; o aspecto central de Hegel é, em vez disso, o enigma do motivo pelo qual, a despeito do fato de o Terror revolucionário ter sido um impasse histórico, temos de passar por ele a fim de chegar ao Estado racional moderno.

Tomemos o paradoxo do processo de desculpar-se: se eu ofendo uma pessoa com uma observação grosseira, a coisa adequada para eu fazer é oferecer-lhe uma desculpa sincera, e a coisa adequada para ela fazer é dizer algo como "Obrigado, aprecio o seu gesto, mas não fiquei ofendido. Sei que você não quis dizer isso, de modo que não me deve nenhuma desculpa!". A questão é que, evidentemente, embora o resultado final seja que nenhuma desculpa é necessária, é preciso passar por todo o processo de oferecê-la: "você não me deve desculpas" é algo que só pode ser dito depois que eu as peço, de modo que, embora formalmente "nada aconteça" – o pedido de desculpas é proclamado desnecessário –, existe um ganho no final do processo (talvez até a amizade se salve). O processo dialético é, assim, mais refinado do que pode parecer. A noção padrão é que nele só se pode chegar à verdade final por meio de um percurso de erros, de modo que esses erros não são simplesmente descartados, mas "anulados" na verdade final, preservados nela como seus momentos. O que essa noção padrão deixa escapar é como os erros são "anulados" (negados-preservados-realçados) *precisamente como supérfluos*.

Como é possível esse círculo de mudança do passado sem o recurso a uma viagem de volta no tempo? A solução foi proposta pelo filósofo francês Henri Bergson (1859-1941): evidentemente, não podemos mudar a realidade/materialidade do passado, mas o que podemos mudar é sua dimensão virtual – quando surge algo radicalmente novo, esse novo cria retroativamente sua própria possibilidade, suas próprias causas/condições.[72] Uma potencialidade pode ser inserida na realidade do passado (ou dela removida). Apaixonar-se muda o passado: é como se eu *sempre-já* amasse você, como se nosso amor fosse predestinado muito antes de nos conhecermos. Meu amor atual causa o passado que lhe deu à luz. Em *Um corpo que cai*, de Hitchcock, é o contrário que ocorre: o passado é alterado para que perca o *"objet a"* – termo com que Lacan designa o objeto inatingível do desejo. O que Scottie primeiramente vivencia em *Um corpo que cai* é a *perda* de Madeleine, sua amante fatal; quando ele recria Madeleine em Judy e então descobre que a Madeleine que ele conheceu antes era Judy fingindo ser Madeleine, o que ele percebe não é simplesmente que Judy é uma farsa (ele sabe que ela não é a verdadeira Madeleine, de vez que recriou uma cópia de Madeleine a partir dela), mas que, por *não* ser ela uma farsa – ela é Madeleine –, a *própria* Madeleine já era uma farsa: o *objet a* se desintegra, a própria perda é perdida, temos uma "negação da negação". A descoberta de Scottie *muda o passado*, priva o objeto perdido do *objet a*. O mesmo paradoxo temporal caracteriza todos os acontecimentos propriamente ditos, incluindo os políticos – a revolucionária alemã Rosa Luxemburgo estava muito ciente disso quando, em sua polêmica com o socialista Édouard Bernstein, apresentou dois argumentos contra o medo revisionista de que o proletariado viesse a tomar o poder prematuramente, antes que as circunstâncias fossem adequadas:

> A transformação socialista pressupõe uma luta longa e tenaz, no curso da qual é muito provável que o proletariado sofra mais de uma derrota, de modo que, pela primeira vez, do ponto de vista do resultado final dessa luta, ele necessariamente terá chegado ao poder muito cedo ... será impossível evitar a conquista do poder do Estado pelo proletariado precisamente porque esses seus ataques "prematuros" constituem um fator e, com efeito, um fator muito importante, criando as condições políticas para a vitória final. No curso da crise política que vai acompanhar sua tomada do poder, no curso das longas e tenazes lutas, o proletariado vai adquirir o grau de maturidade política que lhe permitirá obter a tempo a vitória definitiva da revolução ... De vez que o proletariado não está em condição de tomar o poder senão "prematuramente", de vez que ele tem a obrigação absoluta de tomar o poder uma ou várias vezes "prematuramente" antes de conquistá-lo de maneira definitiva, opor-se à conquista "prematura" do poder nada mais é, no fundo, do que opor-se *em geral à aspiração do proletariado de conquistar o poder de Estado*.[73]

Não existe metalinguagem, nenhuma posição de fora a partir da qual o agente possa calcular quantas tentativas "prematuras" são necessárias para chegar ao momento certo. Por quê? Porque esse é um exemplo de verdade que surge da percepção incorreta (*la vérité surgit de la méprise*, como disse Lacan), em que as tentativas "prematuras" transformam o próprio espaço/avaliação da temporalidade: o sujeito "pula à frente" e assume o risco ao fazer um movimento antes que as condições deste sejam plenamente atingidas.[74] O envolvimento do sujeito na ordem simbólica curva o fluxo linear do tempo em ambas as direções: envolve tanto precipitação quanto retroatividade (as coisas tornam-se retroativamente o que são; a identidade de uma coisa só emerge quando a coisa está atrasada em relação a si mesma) – em suma, cada ato é, por definição, muito adiantado e, simultaneamente, muito atrasado. É preciso saber esperar, não perder a calma: se alguém age rápido demais, o ato se transforma numa *passage à l'acte*, uma violenta fuga para adiante a fim de evitar o impasse. Se alguém perde a oportunidade e age muito tarde, o ato perde sua qualidade de acontecimento, de intervenção radical, em consequência da qual "nada continua como antes", e se torna apenas uma mudança local dentro da ordem do ser, parte do fluxo normal das coisas. O problema é que, é claro, um ato sempre ocorre simultaneamente cedo demais (as condições nunca são plenamente adequadas, a pessoa tem de sucumbir à urgência de intervir, nunca há tempo suficiente para esperar, para realizar cálculos estratégicos, o ato precisa prever sua garantia e o risco de que vai estabelecer retroativamente suas próprias condições) e tarde demais (a própria urgência do ato sinaliza que chegamos muito tarde, que sempre deveríamos já ter agido; cada ato é uma reação a circunstâncias que surgem porque demoramos muito para agir). Em suma, *não existe um momento certo de agir –*

se esperarmos o momento certo, o ato será reduzido a uma ocorrência na ordem do ser.

É por causa dessa complicação temporal que, em Hegel, tudo se torna acontecimental: uma coisa é o resultado do processo (acontecimento) de seu próprio devir, e essa processualidade a dessubstancializa. O próprio espírito é, assim, radicalmente dessubstancializado: não é uma contraforça positiva em relação à natureza, uma substância diferente que gradualmente irrompe e brilha através da matéria natural inerte; não é *nada senão* esse processo de libertar-se de. Hegel repudia diretamente a noção de Espírito como uma espécie de Agente positivo que acentua o processo:

> Fala-se geralmente do Espírito como um sujeito, fazendo algo além do que ele faz, como esse movimento, esse processo, como ainda algo particular, sua atividade sendo mais ou menos contingente ... é da própria natureza do espírito ser essa vitalidade absoluta, esse processo, provir da naturalidade, da imediação, para superar, abandonar essa naturalidade e voltar a si, e *libertar-se*, sendo si mesmo apenas quando volta para si como um produto de si; *sua realidade sendo meramente que ele transformou a si mesmo naquilo que ele é.*[75]

A reversão materialista de Hegel em Ludwig Feuerbach e no jovem Marx rejeita essa circularidade autorreferencial, descartando-a como um exemplo de mistificação idealista: para Feuerbach e Marx, o homem é um *Gattungswesen* (ser genérico) que afirma sua vida tornando-se consciente de suas "forças essenciais". O acontecimento hegeliano é, assim, incompleto; estamos de volta à ontologia aristotélica de entidades substanciais dotadas de qualidades essenciais.

QUINTA PARADA
Os três acontecimentos da psicanálise

EM SEU *Passagens*, Walter Benjamin[76] cita o historiador francês André Monglond: "O passado deixou de si mesmo em textos literários imagens comparáveis àquelas que imprimimos com a luz numa placa fotossensível. Só o futuro possui reveladores suficientemente ativos para revelar com perfeição tais clichês."[77] Longe de ser apenas uma observação neutra sobre a complexa interdependência de textos literários, essa noção de textos do passado apontando para o futuro é baseada na noção básica de Benjamin do ato revolucionário como a redenção retroativa de atos fracassados do passado:

> O passado carrega consigo um índice temporal pelo qual é remetido à redenção. Há um acordo secreto entre as gerações passadas e a atual. Nossa vinda foi esperada sobre a terra. Como cada geração que nos precedeu, a nossa foi dotada de uma fraca força messiânica, um poder a que o passado tem pretensão.[78]

O primeiro nome que ocorre aqui é o de Shakespeare, cuja habilidade de antever percepções que pertencem propriamente a épocas futuras é algo que beira o extraordinário. Muito antes do famoso "Mal, queres ser meu Deus?" proferido por Satã em *Paraíso perdido*, de Milton, a fórmula do mal diabólico foi dada por Shakespeare, em cujo *Tito Andrônico* as palavras finais do impenitente Aarão são: "Se uma única boa ação em minha vida eu fiz,/ Dela eu me arrependo do fundo da alma."[79] E o curto-circuito de Richard Wagner entre ver e ouvir no último ato de *Tristão*, frequentemente percebido como o momento definidor do modernismo propriamente dito (Tristão moribundo *vê* a voz de Isolda), já tinha sido claramente formulado em *Sonho de uma noite de verão*. No ato V:1, Bottom/Píramo diz: "Vejo uma voz: agora eu vou até a brecha,/ Para espiar e posso ouvir o rosto de minha Tisbe." (O mesmo pensamento ocorre mais tarde ao rei Lear: "Olhe com ouvidos teus.") E que dizer da definição extraordinariamente moderna de poesia, também de *Sonho de uma noite de verão*, ato V:1, em que Teseu diz:

> O lunático, o amante e o poeta
> São todos da imaginação condensados
> Um vê mais demônios do que o inferno pode abrigar
> Ou seja, o louco; o amante, frenético,
> Vê a beleza de Helena numa testa egípcia:
> O olho do poeta, girando num belo frenesi,
> Olha de relance do céu para a terra, da terra para o céu,
> E como a fantasia dá corpo
> A coisas desconhecidas, a pena do poeta
> As transforma em feições, e dá ao etéreo nada
> Um local de moradia e um nome.
> Tais truques têm forte imaginação,
> De que se isso detivesse alguma alegria apenas,
> Abrangeria algum portador dessa alegria;
> Ou na noite, pressupondo algum medo,
> Como é fácil de um arbusto fazer um urso!

De fato, como disse Mallarmé, poeta simbolista do século XIX, a poesia fala sobre *"ce seul objet dont le Néant s'honore"* ("esse objeto exclusivo de que o Nada se orgulha"). Mais precisamente, Shakespeare articula aqui uma tríade: um louco vê demônios por toda parte (confunde um arbusto com um urso); um amante vê beleza sublime num rosto comum; um poeta "dá ao etéreo nada um local de moradia e um nome". Em todos os três casos temos um hiato entre a realidade familiar e uma dimensão etérea transcendente, mas esse hiato é gradualmente reduzido: o louco simplesmente confunde um objeto real com uma outra coisa, não o vendo pelo que é (um arbusto é percebido como um apavorante urso); um amante sustenta a realidade do objeto amado, que não é revogada, mas "transubstanciada" na aparência de uma sublime dimensão (o rosto comum da amada é visto tal como é, mas, *nessa qualidade*, é ressaltado – eu vejo beleza *nele*, tal como é); com um poeta, a transcendência é reduzida a zero, ou seja, a realidade empírica é "transubstanciada" – não numa expressão/materialização de uma realidade mais elevada, mas na materialização do *nada*. Um louco *vê* diretamente Deus, confunde uma pessoa com Deus (ou com o Demônio); um amante vê Deus (a divina beleza) *em* uma pessoa; um poeta só vê uma pessoa contra o pano de fundo do nada.[80]

Talvez possamos usar essa tríade shakespeariana formada pelo lunático, o amante e o poeta como ferramenta para propor uma classificação de acontecimentos baseada na tríade lacaniana de imaginário, simbólico e real: um lunático habita a dimensão imaginária, confundindo realidade e imaginação; um amante identifica a pessoa amada com a Coisa absoluta num curto-circuito simbólico entre significante e significado que, não obstante, mantém o hiato que eternamente os separa (o amante sabe muito bem que, na realidade, o objeto de seu amor é uma pessoa comum com todas as suas falhas e fraquezas); um poeta faz emergir um fenômeno contra o pano de fundo do vácuo do real.

Para Lacan, o imaginário, o simbólico e o real são as três dimensões fundamentais em que habita um ser humano. A dimensão do imaginário é nossa experiência vivida direta da realidade, mas também de nossos sonhos e pesadelos – é o domínio do aparente, de como as coisas se parecem para nós. A dimensão do simbólico é o que Lacan chama de "grande Outro", o outro invisível que estrutura nossas experiências da realidade, a complexa rede de regras e significados que nos faz ver o que vemos da maneira como o vemos (e o que não vemos da maneira como não o vemos). O real, contudo, não é simplesmente a realidade externa; é, em vez disso, como diz Lacan, "impossível": algo que não pode ser nem diretamente vivenciado nem simbolizado – como um encontro traumático de extrema violência que desestabiliza inteiramente nosso universo de significado. Como tal, o real só pode ser discernido em seus vestígios, efeitos e consequências.

Essa tríade está longe de ser exclusivamente lacaniana – outra versão dela foi proposta por Karl Popper (1902-94) em sua teoria do Terceiro Mundo (que é o nome dado por Popper à dimensão ou ordem simbólica).[81] Popper compreendeu que a classificação usual de todos os fenômenos na realidade material externa (dos átomos às armas) e em nossa realidade psíquica interna (de emoções, desejos, experiências) não é suficiente: as ideias de que falamos não apenas transmitem os pensamentos de nossa mente, já que estes se referem a algo que permanece o mesmo, enquanto nossos pensamentos expiram ou se transformam (quando penso sobre 2 + 2 = 4 e meu colega pensa sobre isso, estamos pensando sobre a mesma coisa, embora nossos pensamentos sejam materialmente diferentes; quando, numa conversa, um grupo de pessoas fala sobre um triângulo, elas falam de alguma forma sobre a mesma coisa). Popper não é, evidentemente, um idealista: as ideias não existem à parte de nossas mentes; são resultado de nossas operações mentais, mas, apesar disso, não são redutíveis a elas – possuem um mínimo de objetividade ideal. Foi para apreender esse domínio dos objetos ideais que Popper cunhou o termo "Terceiro Mundo", e esse Terceiro Mundo se ajusta frouxamente ao "grande Outro" lacaniano. Mas a palavra "ordem" não nos deve desorientar aqui: a ordem simbólica de Lacan não é uma rede estável de categorias ou normas ideais. A censura desconstrucionista/feminista padrão à teoria lacaniana tem como alvo seu suposto conteúdo normativo implícito: a noção de Nome-do-Pai de Lacan, o agente da lei simbólica que regula a diferença sexual, supostamente introduz uma norma que, mesmo jamais sendo plenamente concretizada, impõe assim mesmo um padrão à sexualidade, de alguma forma excluindo os que ocupam uma posição marginal (gays, transexuais etc.); além disso, essa norma é, sem dúvida, historicamente condicionada, e não uma característica universal do ser humano, como Lacan supostamente afirma. Entretanto essa censura a Lacan baseia-se numa confusão com referência à palavra "ordem" na expressão "ordem simbólica":

> "Ordem", no sentido legítimo do termo, designa nada mais que um domínio específico: não indica uma ordem a ser respeitada e

obedecida, muito menos um ideal a ser aceito ou uma harmonia. O simbólico no sentido de Lacan nada significa senão a desordem essencial que emerge da junção da linguagem com o sexual.[82]

A ordem simbólica lacaniana é, assim, inerentemente inconsistente, antagônica, inadequada, "recusada", uma ordem de ficções cuja autoridade é a de uma fraude. É por conta dessa inconsistência que, para Lacan, as dimensões do imaginário, do real e do simbólico são interligadas como o famoso desenho "Waterfall", de Escher, que mostra um circuito de águas caindo eternamente. Nossa questão aqui é: que tipo de acontecimento se encaixa em cada uma dessas três dimensões? O que é um acontecimento imaginário, um acontecimento real e um acontecimento simbólico? A questão é tão ampla que não podemos enfrentá-la numa única parada – temos de mudar de linha e fazer três conexões a partir dela.

Conexão 5.1. O real: confrontando a Coisa

A expressão japonesa *bakku-shan* significa "uma garota que parece bonita se vista por trás, mas que não se revela assim pela frente". Uma das lições da história – e ainda mais da experiência atual – da religião é que o mesmo vale para o próprio Deus: ele pode parecer grande quando visto por trás e a uma distância adequada, mas, quando chegamos bem perto e somos obrigados a confrontá-lo face a face, o êxtase espiritual se transforma em horror. Esse aspecto destrutivo do divino, a brutal explosão de ódio misturado com euforia extática, é o que Lacan está mirando quando afirma que os deuses pertencem ao real. Esse encontro traumático com uma Coisa divina é o acontecimento como real.

O problema do judaísmo é precisamente este: como podemos manter essa dimensão da loucura divina, dos deuses como reais, à distância? O deus judaico é também o deus da loucura brutal – o que muda é a postura dos crentes em relação a essa dimensão do divino: se nos aproximamos demais dela, então "a glória do Senhor é como um fogo consumidor" (Êxodo 24:17). É por isso que o povo judeu diz a Moisés: "Fala tu mesmo conosco, e ouviremos: mas não fale Deus conosco, para que não morramos" (Êxodo 20:19). Mas e se, como concluiu Emmanuel Levinas,[83] o principal destinatário do mandamento bíblico "Não matarás" for o próprio Deus (Javé), e nós, frágeis humanos, formos os próximos alvos de seu divino ódio? Com que frequência no Velho Testamento encontramos Deus como um tenebroso estranho cuja brutalidade interfere nas vidas humanas e dissemina a destruição?

> Ora, aconteceu no caminho, numa estalagem, que o Senhor o encontrou, e desejava matá-lo. Então Zípora tomou uma faca de pedra, cortou o prepúcio de seu filho e, lançando-o aos pés de Moisés, disse: Com efeito, és para mim um esposo sanguinário. O Senhor, então, o deixou. Ela disse: Esposo sanguinário, por causa da circuncisão. (Êxodo 4:24-26)

Com efeito, quando Levinas afirmou que a primeira reação ao vermos um próximo é matá-lo, a implicação não seria que isso se refere fundamentalmente à relação de Deus com os humanos, de modo que o mandamento "Não matarás" é um apelo a Deus para que controle sua fúria? Na medida em que a solução judaica é um deus morto, que só sobrevive como uma "letra morta", no livro sagrado, da lei a ser interpretada, o que perece com a morte de deus é precisamente o deus do real, da fúria e da vingança destrutivas. O título de um livro muito conhecido sobre o holocausto – *God Died in Auschwitz* [Deus morreu em Auschwitz] – tem de ser invertido: Deus tornou-se vivo em Auschwitz. É como se, em Auschwitz, Deus retornasse, com catastróficas consequências. O verdadeiro horror não ocorre quando somos abandonados por Deus, mas quando ele se aproxima muito de nós. Um caso literário exemplar de tal encontro com o real divino é a última peça de Eurípides, *As bacantes*, a história de Penteu, jovem rei tebano que, horrorizado com as obscenas orgias sagradas do deus Baco, proíbe seu povo de cultuá-lo. O furioso Baco leva Penteu a uma montanha sagrada onde Agave, a mãe de Penteu, e as mulheres de Tebas o reduzem a pedaços num frenesi destrutivo.

Recentemente esse paradoxo foi formulado de modo sucinto por Jürgen Habermas: "Linguagens seculares que apenas eliminam a substância daquilo que um dia foi alegado deixam irritações atrás de si. Quando o pecado se converteu em culpa e a transgressão às ordens divinas se converteu em ofensa às leis humanas, algo se perdeu."[84] É por esse motivo que as reações seculares-humanistas a fenômenos como o holocausto ou o gulag são percebidas como insuficientes: para estar no nível de tais fenômenos, é necessário algo muito mais forte, algo próximo do antigo tema religioso de uma perversão ou catástrofe cósmica em que o próprio mundo está "fora do eixo". Quando nos confrontamos com um fenômeno como o holocausto, a única reação adequada é perguntar estupefato: "Por que os céus não escureceram?" (título do famoso livro de Arno

Mayor sobre o tema). Reside aí o paradoxo da relevância teológica do holocausto: embora seja usualmente concebido como o principal desafio à teologia (se existe Deus e se ele é bom, como poderia permitir que algo tão horroroso acontecesse?), é ao mesmo tempo *unicamente a teologia que pode fornecer o arcabouço que nos possibilita abordar de alguma forma o escopo dessa catástrofe* – o fiasco de Deus é ainda o fiasco de *Deus*.

O judaísmo fornece uma solução singular para essa ameaça da proximidade excessiva do divino: enquanto nas religiões pagãs os deuses estavam vivos, os crentes judeus já levavam em conta a morte de Deus – e indicações dessa percepção são abundantes nos textos sagrados judaicos. Relembremos a história contada no Talmude sobre os dois rabinos que basicamente dizem a Deus que se cale. Eles brigam a respeito de uma questão teológica até que, incapazes de resolvê-la, um deles propõe: "Deixe o próprio Céu testemunhar que a Lei está de acordo com a minha compreensão." Uma voz do céu concorda com o rabino que pediu ajuda primeiro; mas o outro então se levanta e afirma que mesmo uma voz do céu não pode ser considerada, "Porque Vós, ó Deus, escrevestes muito tempo atrás, na lei que nos destes no Sinai, 'Deveis seguir a multidão'". O próprio Deus é obrigado a concordar: depois de dizer "Meus filhos me venceram! Meus filhos me venceram!", ele se afasta rapidamente. Há uma história semelhante no Talmude babilônico (*Baba Metzia* 59b), mas, aqui, numa maravilhosa guinada nietzschiana, Deus aceita sua derrota com uma alegre risada – o rabino Nathan encontra o profeta Elias e lhe pergunta: "O que fez o Divino naquele momento?" Elias responde: "Ele riu [com alegria], dizendo: 'Meus filhos me venceram, meus filhos me venceram.'" O aspecto extraordinário dessa história não é somente a divina risada que substitui o lamento doloroso, mas a maneira como os sábios (que evidentemente representam o grande Outro, a ordem simbólica) vencem a discussão com Deus: o próprio Deus, o Sujeito absoluto, é deslocado de sua posição em relação ao grande Outro, de modo que, uma vez tendo sido escritas suas regras, ele não pode mais modificá-las. Podemos assim imaginar por que Deus reage a essa derrota com uma alegre risada: os sábios aprenderam sua lição, que Deus está morto e que a verdade reside na letra morta da lei que está além de seu controle. Em suma, após realizado o ato da criação, Deus perde até mesmo o direito de intervir sobre o modo como as pessoas interpretam sua lei.

Entretanto o Deus vivo continua sua vida subterrânea e retorna erraticamente em múltiplas formas, todas elas disfarces da monstruosa Coisa – até a cultura popular de hoje. O filme de Nima Nourizadeh *Projeto X*, de 2012, narra o nascimento de uma lenda urbana: Thomas está fazendo dezessete anos e seus amigos Costa e JB planejam promover uma enorme festa de aniversário na casa dele a fim de aumentar sua popularidade entre os colegas de escola. Como os pais de Thomas vão viajar no fim de semana, o pai estabelece as regras (no máximo cinco pessoas na casa, não dirigir o luxuoso Mercedes e ninguém entrar em seu escritório).

Thomas teme que ninguém vá comparecer até que, subitamente, carros começam a estacionar na vizinhança e a festa se torna um sucesso instantâneo. Gradualmente, as coisas vão saindo de controle: o barulho e o tamanho da festa atraem a cobertura dos noticiários de TV; helicópteros da mídia sobrevoam a casa; a polícia chega com uma equipe da SWAT, que decide deixar a festa se esgotar antes de entrar na residência.

Mas então um intruso com um lança-chamas queima árvores pela vizinhança e também carros estacionados na rua, e a área fica em chamas até que os helicópteros do corpo de bombeiros venham apagar o fogo. Quando, na manhã seguinte, os pais chegam à casa, o pai de Thomas o castiga usando os fundos destinados a custear seus estudos universitários para pagar o prejuízo; mas, apesar disso, cumprimenta Thomas pela festa – ele mostrou que tinha coragem, enquanto o pai pensava que fosse frouxo e covarde. O reconhecimento do pai demonstra como funciona a proibição paterna:

> De fato, a imagem do Pai ideal é uma fantasia de neuróticos. Para-além da Mãe ... perfila-se a imagem de um pai que fecharia os olhos aos desejos. Mediante o que fica ainda mais acentuada do que revelada a verdadeira função do Pai, que é, essencialmente, unir (e não opor) um desejo à Lei.[85]

Enquanto proíbe as escapadas do filho, o pai não apenas as ignora e tolera discretamente, mas até as estimula. É nesse sentido que o pai como agente da proibição/lei sustenta desejos/prazeres: não existe acesso direto ao desfrute, de vez que seu espaço é aberto pelas lacunas do olhar controlador do pai. (E será que exatamente o mesmo não vale para o próprio Deus, nosso pai supremo? O primeiro mandamento diz: "Não terás outros deuses diante de mim." A que se refere esse ambíguo "diante de mim"? A maioria dos tradutores concorda que isso significa "diante do meu rosto, à minha frente, quando eu o estiver vendo" – o que sutilmente implica que o ciumento Deus irá, não obstante, fechar os olhos àquilo que você fizer secretamente, fora das vistas (dele). Em suma, Deus é como um marido ciumento que diz à esposa: "Tudo bem, você pode ter outros homens, mas faça isso discretamente, de modo que eu (ou o público em geral) não perceba e você não me envergonhe!" A prova negativa desse papel constitutivo do pai em garantir espaço para esse desfrute viável é a condição da permissividade atual, em que o mestre/especialista não mais proíbe o prazer, mas desfruta dele ("sexo é saudável" etc.), desse modo efetivamente o sabotando.

Como, então, a figura do pai se relaciona com a Coisa? A autoridade simbólica do pai funciona como a agência que normaliza o encontro da Coisa: em nome da lei que regula a interação social, o pai sinaliza sua tolerância em relação a encontros ocasionais da Coisa. Mais relevante, porém, é o caráter quase secreto da festa: quando ela sai de controle, explode no que não se pode deixar designar como uma experiência coletiva do sagrado, uma experiência daquilo que Georges Bataille[86] chamou de *économie générale*, dispêndio irrestrito, algo como a dança das Bacantes reinventada para os dias de hoje, um momento em que o adolescente mais estúpido participando de uma festa transforma-se no seu oposto, uma nova forma do sagrado. E, para evitar um mal-entendido, a questão não é promover uma festa depravada, mas tornar visível a natureza anfíbia do próprio sagrado. O cineasta russo Sergei Eisenstein via a produção do pathos como uma questão estrutural, e não apenas de conteúdo. Em *A linha geral* (ou *O velho e o novo*), há uma cena famosa que mostra o exitoso teste com uma centrífuga desnatadeira numa fazenda coletiva, com os agricultores extasiados ao observar o líquido branco que começa a fluir – a máquina se torna um objeto mágico semelhante a um cálice que "intensifica" suas emoções.[87] Não é exatamente o mesmo que ocorre em *Projeto X*, no qual uma festa adolescente obscena é "intensificada", transformando-se numa orgia sagrada?

Um exemplo ainda mais extremo desse tipo de "intensificação" foi o acontecimento de música pop do verão de 2012: "Gangnam Style", protagonizado por Psy, um cantor sul-coreano. A música não apenas se tornou extremamente popular, mas também mobilizou pessoas a entrarem num transe coletivo, com dezenas de milhares gritando e executando uma dança que imita um passeio a cavalo, tudo no mesmo ritmo e com uma intensidade que não era vista desde o início dos Beatles, referindo-se a Psy como um novo Messias. A música é uma psicodança no que esta tem de pior, totalmente árida e mecanicamente simples, quase toda gerada por computador (o nome do cantor é, evidentemente, uma versão mais curta de "psicotranse"); o que a torna interessante é a forma como combina transe coletivo com autoironia. A letra da canção (e a montagem do videoclipe) obviamente faz graça com a insignificância e a vacuidade do estilo Gangnam (nome inspirado num bairro estiloso de Seul), até de maneira sutilmente subversiva, dizem alguns – mas, não obstante, entramos em transe, capturados pelo estúpido ritmo de marcha, participando dele em pura mimese; flash mobs pipocaram pelo mundo imitando as cenas do vídeo. Como curiosidade, as visualizações deste superaram até mesmo as de Justin Bieber no YouTube, tornando-o assim o mais visto nesse site de compartilhamento em todos os tempos. Em 21 de dezembro de 2012, alcançou o número mágico de 1 bilhão de visualizações – e, de vez que 21 de dezembro era o dia em que aqueles que levavam a sério o calendário maia esperavam que ocorresse o fim do mundo, pode-se dizer que os antigos maias estavam certos: o fato é que o vídeo "Gangnam Style" é efetivamente o símbolo do colapso da civilização.

"Gangnam Style" não é ideologia a despeito do distanciamento irônico, é ideologia por causa dele: a ironia desempenha o mesmo papel que o estilo documentário de Lars von Trier em *Ondas do destino*, em que a forma pseudodocumental ascética torna palpável o conteúdo excessivo – de maneira estritamente homóloga, a autoironia de "Gangnam Style" torna palpável o estúpido desfrute da música *rave*. Muitos ouvintes acham a canção repulsivamente atraente, ou seja, "amam odiá-la", ou melhor, apreciam o próprio fato de acharem-na repulsiva, de modo que a tocam repetidamente para prolongar sua repulsa. Essa rendição extática à *jouissance* obscena em toda a sua estupidez envolve o objeto no que Lacan, seguindo Freud, chama de "impulso": talvez suas expressões mais paradigmáticas sejam os rituais repulsivos privados (como cheirar o próprio suor, enfiar o dedo no nariz etc.) que trazem grande satisfação sem que tenhamos consciência disso – ou, quando temos essa consciência, sem sermos capazes de fazer o que quer que seja para evitá-los. Em *Os sapatinhos vermelhos*, conto de fadas de Hans Christian Andersen, uma jovem empobrecida calça um par de sapatos mágicos e quase morre porque seus pés não param de dançar. Ela só é salva quando um carrasco corta seus pés com um machado. Seus pés ainda calçados continuam a dançar, enquanto ela recebe pés de madeira e encontra paz na religião. Esses sapatos representam o impulso em sua mais pura forma: um objeto parcial "morto-vivo" que funciona como uma espécie de disposição impessoal – "ele deseja", ele persiste em seu movimento repetitivo (de dança), ele segue esse curso e exige satisfação a qualquer custo, independentemente do bem-estar do sujeito. Esse impulso é o que está "no sujeito mais que ele próprio": embora o sujeito não possa jamais subjetivizá-lo, assumi-lo como seu, dizendo "Sou eu que quero fazer isto", ele opera, não obstante, em seu próprio núcleo.

A tese de Lacan é que é possível sublimar esse perigoso frenesi; é disso que tratam, em última instância, arte e religião. A música transforma-se num signo de amor quando não mais assombra o sujeito como *juissance* obscena, compelindo-o a se render cegamente a seu ritmo repulsivo, e o amor transpira por meio de seus sons: o amor como aceitação em sua alteridade radical, um amor que está – como afirma Lacan na última página de *O Seminário*, livro 11 – além da lei. Mas devemos ser muito precisos aqui: amor além da lei não significa amor selvagem fora de todas as coordenadas simbólicas institucionais (como "o amor é um pássaro rebelde" de Carmen); significa quase o exato oposto. A característica distintiva desse amor é a indiferença, não em relação a seu objeto, mas às propriedades positivas do objeto amado: dizer "Eu amo você porque tem um belo nariz/pernas atraentes" etc. é a priori falso. É o mesmo com o amor e a crença religiosa: não amo você porque acho atraentes suas características positivas, acho atraentes suas características positivas porque amo você e, portanto, o/a observo com um olhar amoroso.

O Prêmio Nobel de Economia de 2012 foi para Alvin Roth e Lloyd Shapley, pela elaboração da "teoria das alocações", a escolha econômica em que você não é o único que está escolhendo. Numa entrevista, Roth explicou: "Quando [as pessoas] entram nas escolas, quando escolhem suas carreiras, quando se casam, todos esses são mercados de alocação. Você não pode apenas escolher o que deseja, também tem de ser escolhido. A utilidade da alocação é que você está definindo um relacionamento." A expressão-chave aqui é "definindo um relacionamento": em questões de amor, a teoria das alocações busca construir um tipo de axioma ou fórmula para uma relação sexual exitosa. Mas será que uma relação amorosa pode ser colocada no mesmo nível de aproximar um paciente com problemas de fígado de um doador, ou uma pessoa em busca de emprego de um gerente pronto a contratar? O problema não é de dignidade moral, mas da lógica imanente: quando você se apaixona, você não apenas sabe do que precisa/o que deseja e procura a pessoa que o tem – o "milagre" do amor é que você aprende o que precisa somente quando o encontra.

Como é que tudo isso se relaciona com o acontecimento na sexualidade? No filme *Romance* (1999), da cineasta francesa Catherine Breillat, há uma cena fantasística que dramatiza perfeitamente essa clivagem radical entre amor e sexualidade: a heroína se imagina deitada nua de barriga para baixo numa mesinha dividida ao meio por uma divisória com um buraco suficientemente grande para conter seu corpo. Com a parte superior do corpo, ela encara um sujeito gentil com o qual troca suaves palavras de amor e beijos, enquanto sua parte inferior é exposta a garanhões do tipo máquina de fazer sexo que a penetram repetidamente de maneira selvagem. Entretanto o verdadeiro milagre acontece quando essas duas séries momentaneamente *coincidem*, quando o sexo é "transubstanciado" num ato de amor. Há quatro maneiras de rejeitar essa conjunção impossível/real de amor e desfrute sexual: (1) a celebração do amor "puro" assexual, como se o desejo sexual pela pessoa amada demonstrasse a inautenticidade do amor; (2) a afirmação oposta do sexo intenso como "a única coisa real", que reduz o amor a um mero engodo imaginário; (3) a divisão desses dois aspectos, sua alocação a duas pessoas diferentes – uma delas ama sua gentil esposa (ou a inacessível senhora idealizada), enquanto a outra faz sexo com uma amante "vulgar"; ou (4) sua falsa fusão imediata, em que se supõe que o sexo intenso demonstra que a pessoa "realmente ama" o parceiro, como se, para provar que nosso amor é verdadeiro, cada ato sexual tivesse de ser a proverbial "foda do século". Todas essas quatro posturas são falsas, uma fuga a assumir a conjunção impossível/real de amor e sexo; um verdadeiro amor é suficiente em si mesmo, torna o sexo irrelevante – mas precisamente porque "fundamentalmente, isso não importa" podemos fruí-lo de maneira plena sem nenhuma pressão do supereu. E, inesperadamente, isso nos leva a Lênin. Quando, em 1916, a (então ex-) amante de Lênin, Inessa Armand, escreveu a ele que mesmo uma paixão efêmera era mais poética e mais pura do que beijos sem amor entre marido e mulher, ele respondeu:

> Beijos sem amor entre cônjuges vulgares são *imundos*. Concordo. Eles precisam ser contrastados ... com o quê? ... Parece que: beijos *com* amor. Mas você opõe "uma paixão (por que não o amor?) efêmera (por que efêmera?)" – o resultado lógico é como se beijos sem amor (efêmeros) fossem contrastados com beijos conjugais sem amor ... Isso é estranho.[88]

A resposta de Lênin é geralmente descartada como prova de sua constrição sexual pequeno-burguesa, sustentada por uma amarga memória do caso que tiveram no passado; entretanto há outros aspectos nisso. A percepção é de que os "beijos conjugais sem amor" e o "caso efêmero" extraconjugal são dois lados da mesma moeda – ambos esquivam-se de combinar o real da ligação apaixonada incondicional com a forma da proclamação simbólica. Lênin está profundamente certo nisso, embora não no sentido pudico de preferir o casamento "normal" por amor à promiscuidade ilícita. A percepção subjacente é que, contrariando todas as aparências, amor e sexo não são apenas distintos, mas em última instância incompatíveis, operando em níveis profundamente diferentes, como ágape e *eros*: o amor é caridoso, abnegado, envergonhado de si mesmo, enquanto o sexo é intenso, autoconfiante, possessivo, inerentemente *violento* (ou o oposto: amor possessivo versus satisfação generosa dos prazeres sexuais). Mas o verdadeiro milagre ocorre quando (excepcionalmente) essas duas séries momentaneamente *coincidem*, quando o sexo é "transubstanciado" num ato de amor – uma conexão que é real/impossível no preciso sentido lacaniano, e como tal marcada por uma inerente *raridade*. Hoje em dia, é como se o nó dos três níveis que caracterizavam a sexualidade tradicional (reprodução, prazer sexual, amor) estivesse gradualmente se dissolvendo: a reprodução é deixada para procedimentos biogenéticos que tornam redundante o intercurso sexual, o próprio sexo transforma-se em diversão recreativa, enquanto o amor é reduzido ao domínio da "realização emocional". Nessa situação, é extremamente preciso ser lembrado desses raros momentos milagrosos em que duas dessas três dimensões ainda podem sobrepor-se, ou seja, em que a *jouissance* se torna um sinal de amor. É apenas nesses raros momentos que a atividade sexual se torna um autêntico acontecimento.

Conexão 5.2. O simbólico: a nova harmonia

Un coup de ton doigt sur le tambour décharge tous les sons et commence la nouvelle harmonie.
Un pas de toi, c'est la levée des nouveaux hommes et leur en-marche.
Ta tête se détourne: le nouvel amour!
Ta tête se retourne, – le nouvel amour!
"Change nos lots, crible les fléaux, à commencer par le temps" te chantent ces enfants.
"Elève n'importe où la substance de nos fortunes et de nos voeux" on t'en prie.
Arrivée de toujours, qui t'en iras partout.[89]*

Esses versos de "À une raison" ("A uma razão"), de Arthur Rimbaud, fornecem a mais sucinta determinação do *acontecimento simbólico*, que é a emergência de um novo sigsnificante-mestre. Esse momento acontecimental é aquele em que o significante – uma forma física que representa um significado – entra no significado, no que ele significa, quando o significante se torna parte do objeto que designa. Imaginemos uma situação de desordem social em que diferentes grupos sociais têm diferentes expectativas, projetos e sonhos; um agente então consegue uni-los sob a bandeira de um significante-mestre que não elimina essas diferenças concentrando-se na

---

* Em tradução livre: "Um toque do teu dedo no tambor desencadeia todos os sons e inicia a uma nova harmonia./ Um passo teu recruta os novos homens e os põe em marcha./ Tua cabeça se vira: o novo amor!/ Tua cabeça se volta – o novo amor!/ 'Mude nossos destinos, acabe com os flagelos, a começar pelo tempo', te cantam as crianças./ 'Plante onde puder a substância de nossas fortunas e de nossos desejos', lhe imploram elas./ Chegando do sempre, irás a toda parte." (N.T.)

base comum (as visões e os valores compartilhados) dos grupos – meramente permite que cada um deles reconheça seu próprio conteúdo no significado compartilhado. Digamos que esse significante seja "solidariedade": ele vai significar algo diferente para um trabalhador desempregado, um fazendeiro conservador, um soldado, um policial etc. etc.; mas o pacto social, a unidade que esse significante vai impor não será, não obstante, simplesmente ilusório, ou seja, não será apenas uma máscara imaginária encobrindo diferenças que continuam existindo. Enquanto a imposição desse significante serve como ponto focal para um movimento político real que acaba chegando ao poder, *ela estabelece sua própria realidade social*: as pessoas efetivamente colaboram, ainda que lhes pareça que assim o fazem para seus próprios propósitos. Não importa que alguns grupos usem esse significante cinicamente – o que importa é que participem do espaço social-simbólico sob sua bandeira. Dessa forma, seguindo a análise de Marx sobre o Partido da Ordem, que assumiu o poder quando murchou o élan revolucionário na França, o segredo de sua existência era

> a coalizão de orleanistas e legitimistas num só partido, revelada. A classe burguesa dividiu-se em duas grandes facções que alternadamente – os grandes proprietários de terras sob a monarquia restaurada e a aristocracia financeira juntamente com a burguesia industrial sob a Monarquia de Julho – haviam mantido o monopólio do poder. Bourbon era o nome real que representava a influência predominante dos interesses de uma facção, Orléans, a designação real que representava a influência predominante dos interesses da outra – o reino sem nome da república era o único

em que as duas facções podiam sustentar com igual poder seu interesse de classe comum sem abandonar sua rivalidade mútua.⁹⁰

Os deputados parlamentares do Partido da Ordem percebiam seu republicanismo como um disfarce: nos debates do parlamento, produziam derrapadas verbais e ridicularizavam a república para tornarem conhecido que seu verdadeiro objetivo era restaurar a monarquia. O que não sabiam era que eles próprios estavam equivocados quanto ao verdadeiro impacto social de seu governo. Sem o saberem, estabeleceram as condições da ordem republicana burguesa que tanto desprezavam (por exemplo, garantindo a segurança da propriedade privada). Assim, não é que eles fossem realistas sob máscaras republicanas, embora se sentissem assim; sua convicção realista "interior" é que foi uma fachada ilusória a mascarar seu verdadeiro papel social. Em suma, longe de ser a verdade oculta de seu republicanismo apregoado, seu realismo sincero foi o suporte fantasístico de seu republicanismo real – foi o que agregou paixão a sua atividade. Será, então, que os *députés* do Partido da Ordem não estariam *representando representar-se* como republicanos, ser o que realmente eram?

Essa reversão significante (a imposição de um significante-mestre) não é simplesmente externa à coisa designada: o que ela faz à coisa é fornecer-lhe uma característica adicional incognoscível que aparece como a origem oculta de suas propriedades. Imagine-se o nome da nação de alguém como o significante-mestre. Se perguntarmos a um membro dessa nação "O que significa ser americano/russo/britânico?", a resposta nunca será somente uma série de propriedades observáveis, mas sempre algo como: "É uma coisa misteriosa que nos faz americanos/russos/britânicos e que é responsável por todas as características observáveis; é uma coisa que os estrangeiros não podem entender – para senti-lo você precisaria ser um de nós!" O fato de esse misterioso X parecer mais profundo que a linguagem, além de uma clara articulação linguística, é um efeito do próprio sobrepeso da linguagem sobre seu objeto.

Um ato discursivo torna-se um acontecimento simbólico se e quando sua ocorrência reestrutura o campo inteiro: embora não haja um novo conteúdo, tudo é, de alguma forma, profundamente diferente. Gilles Deleuze elaborou essa dimensão em sua noção de um *passado puro*: não o passado para o qual caminham as coisas presentes, mas um passado absoluto "em que todos os acontecimentos, incluindo aqueles que desapareceram sem deixar vestígios, são armazenados e lembrados como o seu fenecimento";[91] um passado virtual que já contém coisas que ainda estão presentes. O presente pode tornar-se o passado porque, de certa maneira, ele já é – pode perceber-se como parte do passado ("o que estamos fazendo agora é (terá sido) história"); "É com respeito ao elemento puro do passado, compreendido como o passado em geral, como um passado a priori, que um certo presente antigo é reprodutível e o presente presente é capaz de refletir-se".[92] Significaria isso que esse passado puro envolve uma noção profundamente determinista do universo em que tudo que está para acontecer (por vir), toda a verdadeira disposição espaço-temporal, já é parte de uma rede imemorial/atemporal virtual? Não, e por uma razão muito precisa: porque "o passado puro deve ser todo o passado, mas também ser passível de mudança mediante a ocorrência de um novo presente".[93] Foi o grande conservador T.S. Eliot quem primeiro formulou claramente esse elo entre nossa dependência em relação à tradição e nosso poder de mudar o passado:

> O senso histórico envolve uma percepção, não apenas da preteridade do passado, mas de sua presença; o senso histórico obriga um homem a escrever não apenas pensando em sua própria geração, mas com o sentimento de que toda a literatura da Europa desde Homero, e dentro dela a literatura de seu próprio país, tem uma existência simultânea e compõe uma ordem simultânea ... Nenhum poeta ou artista de qualquer área tem seu significado completo sozinho. Sua aceitação, seu reconhecimento é o reconhecimento de sua relação com os poetas e artistas mortos. Não se pode valorizá-lo sozinho; deve-se colocá-lo, por contraste e em comparação, entre os mortos ... A necessidade a que ele deve conformar-se, com a qual deve ser coerente, não é unilateral; o que ocorre quando se cria uma nova obra de arte é algo que acontece simultaneamente a todas as obras de arte que a precederam. Os monumentos hoje existentes formam uma ordem ideal entre si mesmos, a qual é alterada pela introdução entre elas de uma nova obra de arte (a realmente nova). A ordem existente está completa antes que chegue a nova obra; para que a ordem persista após a ocorrência da novidade, toda a ordem existente deve ser, ainda que ligeiramente, alterada; e assim as relações, as proporções, os valores de cada obra de arte em relação ao todo são reajustados; e essa é a conformidade entre o velho e o novo ... o passado deve ser alterado pelo presente da mesma forma que o presente é dirigido pelo passado. E o poeta que está consciente disso terá consciência de grandes dificuldades e responsabilidades.[94]

Quando Eliot afirma que, ao avaliar um poeta vivo, "deve-se colocá-lo ... entre os mortos", está formulando precisamente um exemplo do passado puro de Deleuze. E quando diz que "a ordem existente está completa antes que chegue a nova obra; para que a ordem persista após a ocorrência da novidade, toda a ordem existente deve ser, ainda que ligeiramente, alterada; e assim as relações, as proporções, os valores de cada obra de arte em relação ao todo são reajustados", está formulando com uma clareza semelhante o elo paradoxal entre a completude do passado e nossa capacidade de alterá-lo retroativamente: precisamente porque o passado puro é completo, cada nova obra reajusta todo o seu equilíbrio. Tomemos a precisa formulação, pelo escritor argentino Jorge Luis Borges, da relação entre Kafka e seus múltiplos precursores, dos antigos autores chineses a Robert Browning: "A idiossincrasia de Kafka, em maior ou menor grau, está presente em cada um de seus textos, mas se ele não tivesse escrito não a perceberíamos; ou seja, não existiria ... cada autor *cria* seus precursores. Sua obra modifica nossa concepção do passado, assim como vai modificar o futuro."[95] Assim, a solução propriamente dialética do dilema "Ele está realmente ali, na fonte, ou será que nós só o lemos na fonte?" é: ele está ali, mas só podemos perceber e afirmar isso retroativamente, a partir da perspectiva de hoje.

Aqui, o filósofo canadense contemporâneo Peter Hallward nos desaponta em seu livro *Out of This World*,[96] em tudo o mais excelente, em que ele enfatiza apenas o aspecto do passado puro como campo virtual em que o destino de todos os acontecimentos reais está antecipadamente selado, uma vez que "tudo já está escrito" nele. Ele ignora o movimento retroativo em que Deleuze também insiste, a forma como esse eterno passado puro que nos determina plenamente é, ele próprio, submetido à mudança retroativa. O que ecoa nesse tópico é, evidentemente, a crença protestante na predestinação: longe de ser um conceito teológico reacionário, a predestinação é um elemento-chave da teoria materialista do sentido. Predestinação não significa que nosso destino esteja selado num texto concreto que tem existido desde a eternidade na mente divina; o destino que nos predestina pertence ao passado eterno puramente virtual que, como tal, pode ser reescrito retroativamente por nossos atos. Talvez seja esse o principal significado da singularidade da encarnação de Cristo: trata-se de um *ato* que muda radicalmente nossa sina. Antes de Cristo, estávamos determinados pelo destino, presos ao ciclo do pecado e sua reparação, enquanto a supressão por Cristo de nossos pecados do passado significa precisamente que seu sacrifício muda nosso passado virtual e assim nos liberta. Quando Deleuze afirma que "minha ferida existe antes de mim; eu nasci para encarná-la",[97] será que essa versão do Gato de Cheshire de *Alice no País das Maravilhas* (o gato que nasceu para encarnar seu sorriso) não fornece uma fórmula perfeita do sacrifício de Cristo: Cristo nasceu para encarnar sua ferida, para ser crucificado? O problema é a leitura teleológica literal dessa proposição, como se os feitos reais de uma pessoa simplesmente concretizassem seu destino atemporal-eterno inscrito na sua ideia virtual:

> A única tarefa real de César é tornar-se merecedor dos acontecimentos que foi criado para encarnar. *Amor fati*. O que César realmente faz nada acrescenta ao que virtualmente é. Quando César atravessa com efeito o Rubicão, isso não envolve deliberação nem escolha, já que é simplesmente parte da expressão total

e imediata do cesarismo, simplesmente revela ou "anuncia" algo que estava contido para sempre na noção de César.[98]

Mas e quanto à retroatividade de um gesto que (re)constitui esse próprio passado? Esta talvez seja a mais sucinta definição de um ato autêntico: em nossa atividade comum, apenas seguimos, efetivamente, as coordenadas (virtual-fantasísticas) de nossa identidade, enquanto um ato propriamente dito é o paradoxo de um movimento real que (retroativamente) altera as próprias coordenadas virtuais, "transcendentais", do ser de seu agente – ou, em termos freudianos, que não apenas muda a realidade de nosso mundo, mas também "move seu subterrâneo". Temos, assim, um tipo de "retorno à condição para o dado do qual ela foi condição":[99] enquanto o passado puro é a condição transcendental de nossos atos, estes não apenas criam a nova realidade concreta, como também mudam retroativamente essa própria condição. É assim que devemos ler também a tese de Hegel de que, no curso do desenvolvimento dialético, as coisas "tornam-se o que são": não é que uma implementação temporal simplesmente concretize alguma estrutura conceitual atemporal preexistente – essa estrutura conceitual atemporal é, ela própria, o resultado de decisões temporais contingentes. Voltemos ao caso exemplar de uma decisão contingente cujo resultado define toda a vida do agente – César atravessando o Rubicão:

> Não basta dizer que atravessar o Rubicão é parte da noção completa de César. Em vez disso se deveria dizer que César é definido pelo fato de ter atravessado o Rubicão. Sua vida não seguiu um roteiro escrito no livro de alguma deusa: não há um livro que

já contivesse as relações da vida de César, pela simples razão de que sua própria vida é esse livro, e de que, a cada momento, um acontecimento é em si mesmo sua própria narrativa.[100]

Exatamente a mesma coisa não vale para o amor? Apaixonar-se é um encontro contingente, mas, uma vez que ele ocorre, parece algo necessário, em direção ao qual toda a minha vida estava se movendo. Lacan descreveu essa reversão da contingência em necessidade como um deslocamento do "cessa de não se escrever" para o "não cessa de se escrever": primeiro, o amor "cessa de não se escrever", ele emerge por um encontro contingente; então, uma vez estando aqui, ele "não cessa de se escrever", impõe ao amante o trabalho do amor, o esforço contínuo de inscrever em seu ser todas as consequências do amor, estruturar seu amor em torno da fidelidade ao seu acontecimento:

> O deslocamento da negação, do *para de não se escrever* ao *não para de se escrever*, da contingência à necessidade, é aí que está o ponto de suspensão a que se agarra todo amor. Todo amor, por só subsistir pelo *para de não se escrever*, tende a fazer passar a negação ao *não para de se escrever*, não para, não parará.[101]

Aí reside a reversão dialética da contingência em necessidade, ou seja, a forma como o resultado de um processo contingente é o aparecimento da necessidade: as coisas, retroativamente, "terão sido" necessárias, ou, citando Jean-Pierre Dupuy: "É, assim, a concretização do acontecimento – o fato de ele ter lugar – que cria retroativamente sua necessidade."[102] Dupuy fornece o exemplo das eleições presidenciais francesas de maio de 1995 –

aqui está a previsão de janeiro do principal instituto de pesquisas francês: "Se, no próximo dia 8 de maio, a sra. Balladur for eleita, pode-se dizer que a eleição presidencial francesa foi decidida antes mesmo de acontecer." Se – acidentalmente – um acontecimento ocorre, ele cria a cadeia precedente que o faz parecer inevitável.

Isso nos traz à temporalidade específica do acontecimento simbólico: a reversão abrupta do "ainda não" para o "sempre-já". Há sempre um hiato entre as mudanças material e formal: as coisas mudam gradualmente no nível material, e essa mudança é subterrânea, como a disseminação secreta de uma infecção mortal; quando a luta vem a público, o intruso já concluiu seu trabalho e a batalha de fato terminou – tudo que se tem a fazer é lembrar os que estão no poder que devem olhar para baixo e perceber como não há mais um chão sob seus pés, e todo o edifício desmorona como um castelo de cartas. Quando perguntaram a Margaret Thatcher qual tinha sido sua maior realização, ela respondeu: "o Novo Trabalhismo". E ela estava certa: seu triunfo foi que até seus inimigos políticos adotaram suas políticas econômicas básicas – o verdadeiro triunfo não é a vitória sobre o inimigo, mas quando o próprio inimigo começa a usar sua linguagem, de modo que suas ideias constituem o alicerce de todo o campo. O mesmo vale para as grandes polêmicas entre John Locke e Robert Filmer no século XVII: Filmer se opunha a Locke e à noção iluminista de que todos os homens são criados iguais por Deus no estado de natureza, e assim detêm uma série de direitos naturais, afirmando em vez disso que o governo de uma família pelo pai é a verdadeira origem e modelo de todo governo. No princípio Deus deu autoridade a Adão; desde Adão essa autoridade foi herdada por Noé etc., de modo que os patriarcas herdavam o poder absoluto que exerciam sobre suas famílias e seus servos; e é desses patriarcas que todos os reis e governantes derivam sua autoridade, a qual é, portanto, absoluta e baseada no direito divino. O problema é que, ao se envolver nesse tipo de disputa racional, Filmer já se move em direção ao terreno determinado por seu oponente, o terreno da história natural da sociedade. Aqui, num nível mais universal, está a clássica descrição de Hegel de como a intuição pura do Iluminismo solapa o espírito religioso tradicional:

> A comunicação da intuição pura é, nesse sentido, comparável a uma expansão tranquila ou à irresistível difusão, digamos, de um aroma na atmosfera. É uma infecção penetrante, que anteriormente não se fez notar como algo distinto do meio indiferente em que se insinua, e a ele oposta, e assim não pode ser debelada. Só quando a infecção se tornou generalizada é que a consciência, que se lhe abandonara despreocupadamente, desperta para sua influência ... Na condição, portanto, em que a consciência se torna conhecedora da intuição pura, essa intuição já se espalhou. A luta contra ela denuncia o fato de a infecção ter realizado seu trabalho. É tarde demais para a luta, e cada medida tomada apenas piora a doença, pois esta já atingiu a própria medula da vida espiritual ... sendo agora um espírito invisível e imperceptível, ela se insinua cada vez mais por todas as partes nobres, e logo já controla totalmente os membros e órgãos vitais do ídolo inconsciente; e então "numa bela manhã dá uma cotovelada em seu camarada e bumba! zaz! – o ídolo está no chão".[103]

Todos conhecemos a cena clássica dos quadrinhos: o gato chega a um precipício e continua a andar, ignorando o fato de que não existe chão sob seus pés; ele só começa a cair quando olha para baixo e vê o abismo. Quando um, digamos, regime político perde sua autoridade, é como um gato caminhando sobre o precipício: para cair, basta que o lembrem de olhar para baixo. Mas o oposto também vale: quando um regime autoritário se aproxima de sua crise final, sua dissolução, como regra, se dá em duas etapas. Antes de seu verdadeiro colapso, tem lugar uma misteriosa ruptura: subitamente as pessoas ficam sabendo que o jogo acabou – simplesmente não têm mais medo. Não é apenas que o regime perca sua legitimidade, seu próprio exercício do poder é percebido como uma impotente reação de pânico. Em *O xá dos xás*, um clássico relato da revolução iraniana de 1979, Ryszard Kapuscinski localizou o momento exato dessa ruptura: numa encruzilhada de Teerã, um manifestante solitário recusou-se a se mover quando um policial gritou que o fizesse, e este, constrangido, simplesmente se retirou; em algumas horas, toda Teerã sabia desse incidente, e embora as lutas nas ruas continuassem por semanas, todos sabiam, de alguma forma, que o jogo tinha acabado.[104]

Isso nos traz de volta ao amor (ou ao ato de se apaixonar), que se caracteriza pelo mesmo hiato temporal. Num dos contos de Henry James, o herói comenta sobre uma mulher que lhe é próxima: "Ela já o ama, apenas não sabe ainda." O que encontramos aqui é uma espécie de contrapartida freudiana do famoso experimento de Benjamin Libet sobre o livre-arbítrio: Libet demonstrou que, mesmo depois de termos conscientemente decidido (digamos, mexer um dedo), os processos neurais adequados já foram iniciados, o que significa que nossa decisão consciente só registra o que já está acontecendo (adicionando sua supérflua autorização a um *fait accompli*).[105] Com Freud, a decisão também é anterior à consciência – mas não é um processo puramente objetivo e sim uma decisão inconsciente. Freud está aqui de acordo com Schelling, para o qual, também, uma decisão verdadeiramente livre é inconsciente, motivo por que nunca nos apaixonamos no tempo presente: após um processo (geralmente longo) de gestação subconsciente, subitamente tomamos consciência de que (já) estamos amando. A queda (no amor) nunca acontece num certo momento, ela *sempre-já aconteceu*.

DEVEMOS TER CUIDADO aqui para não confundir esse poder transformador de um significante-mestre com o chamado *performativo* (ato de fala). A intervenção de um significante-mestre tem a forma de um *constativo*, de só declarar *posteriormente ao fato* que alguma coisa já existe, omitindo que, retroativamente, essa declaração muda tudo. A verdadeira declaração de ódio não é "Agora percebo o quando te odeio!", mas "Agora sei que sempre te odiei!". Apenas essa segunda declaração desfaz o próprio passado. Relembremos a exata lógica performativa do "declarativo": alguém faz alguma coisa; alguém se apresenta (se declara) como aquele que o fez; e, com base nessa declaração, alguém faz algo novo – a ocasião adequada da transformação subjetiva ocorre no momento da declaração, não no momento do ato. Em outras palavras, o verdadeiramente novo surge pela narrativa, o relato, na aparência puramente reprodutivo, do que aconteceu – é esse relato que abre espaço (a possibilidade) para agir de uma nova maneira. Furioso com o tratamento que recebe, um trabalhador participa, digamos, de uma greve espontânea; mas só quando, na sequência de sua ação, ele o conta/relata como um ato da luta de classes é que o trabalhador se transforma subjetivamente no sujeito revolucionário e, com base nessa transformação, pode continuar agindo verdadeiramente como tal. Em nenhum lugar esse papel "performativo" de relatar é mais palpável do que naquilo que os filisteus consideram como as passagens mais enfadonhas dos dramas musicais de Wagner, as longas narrativas em que o herói recapitula o que se passou até aquele momento. Como assinalou Alain Badiou,[106] as longas narrativas são os verdadeiros *loci* da guinada dramática nas óperas de Wagner – no curso delas, testemunhamos a profunda transformação subjetiva do narrador. Exemplar nesse sentido é o grande monólogo de Wotan no segundo ato da *Cavalgada das Valquírias*: o Wotan que emerge em resultado de sua própria narrativa não é o mesmo Wotan do início, mas um Wotan determinado a agir de uma nova maneira – ele percebe e aceita seu grande fracasso e decide desejar seu próprio fim. E, como observou Badiou, o papel da textura musical é que é crucial aqui: é a música que muda (o que poderia parecer) um relato dos acontecimentos e da condição do mundo na disposição das metamorfoses subjetivas do próprio narrador. Também se pode ver como Wagner estava certo ao reduzir o ato real (geralmente uma batalha) a uma ocorrência insignificante a ser rapidamente descartada, preferivelmente fora do palco (como no caso do início do segundo ato de *Parsifal*, com a luta e a vitória deste sobre os cavaleiros de Klingsor: só ouvimos o relato do progresso de Parsifal pela voz de Klingsor, que observa a luta à distância). É impossível deixar de observar como funciona estranhamente a brevidade das lutas reais nas obras de Wagner (o breve duelo entre Lohengrin e Telramud no terceiro ato de *Lohengrin*; o duelo entre Tristão e Melot no terceiro ato de *Tristão e Isolda*, para não mencionar as lutas ridículas no final dessa obra) em contraste com a longa duração das narrativas e declarações.

A mesma temporalidade caracteriza o estruturalismo – não admira que Claude Lévi-Strauss (1908-2009) considerasse o estruturalismo um transcendentalismo sem um sujeito transcendental. Um exemplo singular de autorreferência, o maior exemplo de um acontecimento simbólico, de algo que surge subitamente e cria seu próprio passado, é a emergência da própria ordem simbólica. A ideia estruturalista é que não se pode imaginar a gênese do simbólico (da ordem simbólica): uma vez aqui presente, essa ordem está *sempre-já* aqui, não se pode sair dela; tudo o que se pode fazer é contar mitos sobre sua gênese (no que Lacan se engaja ocasionalmente). Invertendo o maravilhoso título do livro de Alexei Yurchak sobre a última geração soviética – *Tudo era para sempre, até não ser mais* –, nada da ordem simbólica estava presente, até que de repente tudo estava *sempre-já* aqui. O problema, neste caso, é a emergência de um sistema autorrelacional "fechado", que não tem uma face exterior: não pode ser explicado de fora porque seu ato constitutivo é autorrelacional, ou seja, o sistema emerge totalmente quando começa a produzir a si mesmo; ele postula seus pressupostos num circuito fechado. Assim, não é apenas que a ordem simbólica esteja de súbito totalmente aqui – não havia nada e um momento depois tudo está aqui –, mas que não existe nada e, subitamente, é como se a ordem simbólica estivesse sempre-já aqui, como se nunca tivesse havido um tempo em que ela não existisse.

Conexão 5.3. O imaginário: os três impactos

Existem peças da música clássica que, em nossa cultura, se tornam tão profundamente associadas a seu uso posterior em algum produto da cultura popular comercial que é quase impossível dissociá-las desse uso. Desde que o tema do segundo movimento do Concerto para Piano nº 2 de Mozart foi usado em *Elvira Madigan*, um melodrama popular sueco, essa peça é agora regularmente caracterizada como o concerto "Elvira Madigan" até mesmo por selos sérios de música clássica. Mas e se, em lugar de explodir de raiva contra esse fetichismo musical comercializado, fizermos uma exceção e confessarmos abertamente o prazer culpado de fruir uma peça musical que é, em si mesma, sem valor e deve todo o seu interesse à maneira como tem sido usada num produto da cultura popular? Meu candidato favorito é a "Cantata Storm Clouds", do filme de Hitchcock *O homem que sabia demais*, composta por Arthur Benjamin especialmente para a cena decisiva no Royal Albert Hall. Embora a cantata seja uma peça bastante ridícula do kitsch romântico tardio, não é tão desprovida de interesse quanto se poderia pensar – a letra (de D.B. Wyndham-Lewis) já merece atenção:

> There came a whispered terror on the breeze
> And the dark forest shook
> And on the trembling trees
> Came the nameless fear
> And panic overtook each flying creature of the wild
> And when they all had fled
> Yet stood the trees

Around whose heads
Screaming
The night birds wheeled and shot away
Finding release
From that which drove them onward like their prey
The storm clouds broke and drowned the dying moon
The storm clouds broke
Finding release*

Não seria esse um minicenário do que Gilles Deleuze chamou de acontecimento-emoção "abstrato": uma paz cheia de tensão, que se torna insuportável e é finalmente liberada numa violenta explosão? Devemos lembrar aqui o sonho de Hitchcock de superar totalmente o veículo da narrativa audiovisual e provocar emoções diretamente no espectador, manipulando, por meio de um mecanismo complexo, seus centros neuronais vinculados à emoção. Falando em termos platônicos: *Psicose* não é realmente um filme sobre pessoas patológicas ou aterrorizadas, mas sobre a ideia "abstrata" de terror que é representada em indivíduos concretos e seus infortúnios. Da mesma forma, a música da "Cantata Storm Clouds" não ilustra a letra de Wyndham-Lewis, muito menos se refere à narrativa cinematográfica. Pelo contrário, ela interpreta diretamente o acontecimento-emoção.

---

* Em tradução livre: "Com a brisa veio um terror sussurrado/ E a floresta escura tremeu/ E sobre as árvores balouçantes/ Veio o medo sem nome/ E o pânico tomou cada criatura voadora da região selvagem/ E quando todos haviam fugido/ Ainda ficaram as árvores/ Em torno de cujas copas/ Gritando/ Os pássaros noturnos circulavam e partiam como um raio/ Percebendo-se livres/ Daquilo que os impelia como sua presa/ As nuvens carregadas dissiparam-se e engolfaram a lua que se punha/ As nuvens carregadas dissiparam-se/ Percebendo-se livres." (N.T.)

Esse acontecimento é imaginário no sentido estritamente lacaniano: ele flutua à distância de seu suporte material, o qual o representa e o produz, na frágil esfera de superfície entre o ser e o não ser. Em *Lógica do sentido*, Gilles Deleuze transforma o dualismo de Platão das ideias eternas e suas imitações na realidade sensível no dualismo dos corpos sólidos (materiais) e da superfície pura impassível do sentido, o fluxo do devir que deve ser situado na própria fronteira entre o ser e o não ser. Sentidos são superfícies que não existem, apenas subsistem: "Não são coisas ou fatos, mas acontecimentos. Não podemos dizer que existam, apenas que subsistem ou sobrevivem (tendo esse mínimo de ser que é adequado ao que não é uma coisa, uma entidade inexistente)."[107] Os antigos estoicos, que desenvolveram essa noção de "incorporais", foram

> os primeiros a reverter o platonismo e produzir uma inversão radical. Pois se os corpos, com seus estados, qualidades e quantidades, assumem todas as características da substância e da causa, inversamente, as características da Ideia são relegadas ao outro lado, ou seja, a esse extra-Ser impassível que é estéril, ineficaz e está na superfície das coisas: o ideacional ou incorporal não pode mais ser outra coisa senão um "efeito".[108]

A faca e a carne são corpos; a faca é a causa de um categorema (predicado) assomático, ou seja, ser cortado, com respeito à carne. Fogo e madeira são corpos; o fogo é a causa de um categorema assomático, ou seja, ser queimado, com respeito à madeira. Se o sol ou seu calor faz a cera derreter, temos de dizer que o sol é a causa, não do derretimento da cera, mas de a cera ser derretida, de um categorema indicado pelo particípio passado.

A ontologia budista parece apontar numa direção semelhante, chegando a radicalizá-la: a própria realidade é dessubstancializada, reduzida a um fluxo de aparições frágeis, de modo que, em última instância, tudo é acontecimento(al). O universo budista admite, assim, dois tipos de acontecimentos: o acontecimento da iluminação, de assumir plenamente a não existência do eu, e a captura singular de um acontecimento fugidio, exemplificado na poesia haikai e no que Deleuze chama de acontecimento puro do sentido (ou de sua falta). Essa parece ser a avaliação infinita do budismo: a superposição do absoluto (o vácuo primordial vivenciado no nirvana) ao efeito da frágil e minúscula superfície semelhante à carne (o tema do haikai). Eis aqui o mais conhecido haikai de Matsuo Bashō:

Velho lago
Um sapo mergulha
Tchum

O verdadeiro objeto é o acontecimento-impacto (sobreposto ao silêncio que o sustenta?). Não existe idealização no haikai, apenas o efeito da sublimação em que, não importa quão "baixo", o ato material pode dar à luz o acontecimento, de modo que não devemos ter medo de imaginar uma versão muito mais vulgar de um haikai concentrado no mesmo acontecimento – um amigo do Japão me informou que existe uma variação para o século XX do motivo-impacto de Bashō que, precisamente, *não* deve ser lida como uma paródia:

Vaso sanitário com água suja
Sento-me nele
Tchum

A regra dos três versos de um poema haikai é bem justificada: o primeiro apresenta a situação anterior ao acontecimento (um velho lago de águas tranquilas, um vaso sanitário de águas calmas); o segundo assinala um corte nessa inatividade, a intervenção que perturba a paz e vai gerar o acontecimento (um sapo pula, sento-me num vaso sanitário); e o último verso dá nome ao próprio e fugidio acontecimento (o som do impacto). Mesmo quando a palavra ou expressão incisiva (*kireji*) não é seguida de uma intervenção ativa, ela assinala uma ruptura entre a situação geral neutra e o elemento particular que serve de suporte material ao acontecimento – eis aqui dois outros haikais de Bashō:

> Primavera:
> Um morro sem nome
> Oculto pela neblina da manhã.

> Princípio do outono:
> O mar e o arrozal esmeralda
> Ambos o mesmo verde.

O "objeto" aqui é primeiramente a neblina matinal, depois a cor verde – objeto não como substância, mas como acontecimento, como um puro efeito estéril que excede sua causa (a qual, como vimos, pode ser tão facilmente vulgar quanto sublime). Nesse efeito imaterial, o fugidio quase-nada da aparição pura se alterna com a eternidade, o movimento se alterna com a calmaria, o barulho ao silêncio eterno, um momento singular do sentido alterna-se com o absurdo; é a forma zen de dizer "o espírito é um osso". Entretanto essa suspensão da realidade corpórea é profundamente ambígua: pode também funcionar como uma tela, ofuscando as consequências horripilantes de nossos atos. Relembremos o título do perene best-seller da filosofia new age, *Zen e a arte da manutenção de motocicletas*,[109] de Robert Pirsig; pode-se facilmente imaginar uma série de variações sobre o mesmo tema: zen e a arte da performance sexual ou do sucesso nos negócios... até zen e a arte da guerra amigável. Com efeito, dentro da atitude zen, o guerreiro não age mais como pessoa; é profundamente dessubjetivizado ou, como disse um dos principais responsáveis pela difusão do zen no Ocidente, D.T. Suzuki: "Realmente não é ele, mas a própria espada que executa o homicídio. Ele não desejava ferir ninguém, mas o inimigo aparece e torna a si mesmo uma vítima. É como se a espada cumprisse automaticamente sua função de justiça, que é a função da misericórdia."[110] Será que essa descrição do homicídio não fornece o maior exemplo da atitude fenomenológica que, em vez de intervir na realidade, só deixa as coisas parecerem tal como são? A própria espada executa o homicídio: o inimigo apenas aparece e faz de si mesmo uma vítima – o guerreiro está nisso por nada, reduzido ao papel de observador passivo de seus próprios atos.

Na década de 1970, à época da ditadura militar no Brasil, o círculo dos agentes secretos envolvidos na tortura de prisioneiros políticos improvisou uma espécie de religião privada: um amálgama da Nova Era budista baseado na convicção de que não existe realidade, somente uma dança fragmentada de aparências ilusórias.[111] Podemos ver muito bem como essa "religião" os capacitou a suportar o horror do que estavam fazendo. Não admira, então, que, "chocado pela atitude fria de seu líder e sua crueldade para com os inimigos, um de seus companheiros tenha comparado Pol Pot a um monge budista que atingiu o 'terceiro nível' de consciência: 'Você é totalmente neutro. Nada o comove. Esse é o mais alto nível'".[112] Não se deve descartar essa ideia como um falso paralelo obsceno: Pol Pot tinha antecedentes culturais budistas, com sua longa tradição de disciplina militarista. Seguindo essas linhas, poderíamos muito bem inventar um outro haikai cujo terceiro verso apresenta o acontecimento puro do sangue derramando-se de um corpo cortado pela espada:

> Corpo gordo sacolejando à minha frente
> O golpe de minha espada
> Zás!

Ou, por que não, um passo além, na direção de Auschwitz:

> Prisioneiros tomam banho
> Meu dedo pressiona um botão
> Gritos ecoam!

O propósito desses improvisos não é envolver-se em piadas sem graça, mas fazer-nos ver que uma pessoa verdadeiramente iluminada deveria ser capaz de perceber um acontecimento puro mesmo sob tais circunstâncias horripilantes. A triste lição aqui é que não existe incompatibilidade entre o terror brutal e o autêntico espírito poético – eles podem caminhar de mãos dadas.

SEXTA PARADA
A anulação de um acontecimento

A EXPRESSÃO ALEMÃ *rückgängig machen*, geralmente traduzida como "anular, cancelar ou desfazer", tem uma conotação mais precisa: anular retroativamente alguma coisa, fazer parecer que ela não aconteceu. A comparação entre *As bodas de Fígaro*, de Mozart, e as óperas *figarescas* de Rossini torna isso imediatamente claro. Em Mozart, o potencial político emancipador da peça de Beaumarchais sobrevive à pressão da censura – pensemos apenas no final, em que o conde precisa ajoelhar-se e pedir o perdão de seus súditos (para não mencionar a explosão coletiva do "Viva la libertà!" no final do primeiro ato de *Don Giovanni*). O estonteante sucesso de *O barbeiro de Sevilha*, de Rossini, pode ser avaliado por este padrão: Rossini pegou uma peça teatral que era um dos símbolos do espírito revolucionário burguês da França e a despolitizou totalmente, transformando-a simplesmente numa *opera buffa*. Não admira que a era de ouro de Rossini tivesse sido entre 1815 e 1830 – os anos da reação, aqueles em que as potências da Europa empreenderam a impossível tarefa da *Ungeschehenmachen*, da anulação, de fazer não terem acontecido as décadas revolucionárias precedentes. Rossini não odiou nem enfrentou ativamente o novo mundo – simplesmente compôs como se os anos de 1789 a 1815 não tivessem existido. Estava certo, portanto, ao (quase) parar de compor e adotar a postura de *bon vivant* preparando seus tournedos. Essa era a única coisa propriamente ética a fazer, e seu longo silêncio é comparável ao de Jean Sibelius.

Na medida em que a Revolução Francesa é *o* acontecimento da história moderna, a ruptura depois da qual "nada foi o mesmo", deve-se levantar aqui uma questão: seria esse tipo de "anulação", de desacontecimentalização, um dos destinos possíveis de todo acontecimento? A conhecida fórmula *"Je sais bien, mais quand même..."* ("Eu sei, mas mesmo assim...") assinala uma postura dividida do sujeito em relação a uma entidade – sabe-se que é verdadeira, mas não se pode realmente aceitar essa verdade; por exemplo: "Sei muito bem que meu filho é um assassino, mas mesmo assim não posso acreditar nisso!" É possível imaginar a mesma atitude dividida em relação a um acontecimento: "Sei muito bem que não houve um acontecimento, apenas o curso natural das coisas, mas talvez, infelizmente, mesmo assim... (eu creio que) ele *aconteceu*." E – o que é ainda mais interessante – será possível que um acontecimento não seja negado de forma direta, mas retroativamente? Imagine-se uma sociedade que tenha integrado plenamente a sua substância ética os grandes axiomas modernos da liberdade, da igualdade, dos direitos democráticos, o dever da sociedade de prover educação e cuidados básicos de saúde a todos os seus membros, e que considere o racismo e o sexismo simplesmente inaceitáveis e ridículos – não há necessidade sequer de argumentar contra, digamos, o racismo, de vez que qualquer um que o advogue abertamente é de imediato percebido como um estranho excêntrico que não pode ser levado a sério. Mas então, passo a passo, embora a sociedade continue a sustentar esses valores da boca para fora, eles são de fato privados de sua substância. Eis um exemplo da história europeia atual: no verão de 2012, Viktor Orbán, primeiro-ministro húngaro de postura direitista, disse que se deveria construir na Europa Central um novo sistema econômico:

> ... e esperemos que Deus nos ajude e não tenhamos de inventar um novo tipo de sistema político que deva ser introduzido no lugar da democracia em nome da sobrevivência econômica ... Cooperação é uma questão de força, não de intenção. Talvez haja países em que as coisas não funcionem dessa maneira. Por exemplo, os países escandinavos, mas um decrépito povo meio asiático como o nosso só pode unificar-se se houver força.[113]

A ironia dessas palavras não escapou a alguns dos velhos dissidentes húngaros: quando o exército soviético marchou sobre Budapeste para esmagar o levante anticomunista de 1956, a mensagem repetidamente transmitida ao Ocidente pelos indefesos líderes húngaros foi: "Estamos aqui defendendo a Europa!" (dos comunistas asiáticos, é claro). Agora, após o colapso do comunismo, o governo cristão-conservador pinta como seu maior inimigo a democracia multicultural consumista liberal que a Europa Ocidental de hoje representa, e clama por uma nova ordem comunitária, mais orgânica, para substituir a "turbulenta" democracia liberal das duas últimas décadas. Da mesma forma que os fascistas falavam do "complô bolchevista-plutocrático", (ex-)comunistas e democratas liberais "burgueses" são percebidos como duas faces do mesmo inimigo. Não admira que Orbán e alguns de seus aliados manifestem repetidamente suas simpatias pelo "capitalismo com valores asiáticos" chinês, enxergando no autoritarismo "asiático" a solução contra a ameaça dos ex-comunistas – assim, se o governo Orbán se vir sob uma excessiva pressão da União Europeia, podemos imaginá-lo enviando uma mensagem à China: "Estamos aqui defendendo a Ásia!"

O caso da Hungria, contudo, é apenas um incidente menor no processo global de desacontecimentalização que ameaça os próprios fundamentos de nossas conquistas emancipadoras. Tomemos um exemplo vindo do outro lado de nosso mundo ocidental. Eis como, numa carta ao *Los Angeles Times*, a diretora Kathryn Bigelow justificou a visão descompromissada de seu filme *A hora mais escura*, sobre os métodos de tortura usados por agentes do governo americano para encontrar e matar Osama Bin Laden: "Aqueles que, como nós, trabalham no mundo das artes sabem que retratar não é endossar. Se assim fosse, nenhum artista poderia mostrar práticas desumanas, nenhum autor poderia escrever sobre elas e nenhum cineasta poderia explorar os temas espinhosos de nossa época."[114] É mesmo? Sem agir como idealistas moralistas abstratos, e tendo plena consciência das urgências imprevisíveis da luta contra ataques terroristas, não deveríamos pelo menos acrescentar que torturar um ser humano é em si mesmo algo tão profundamente abominável que apresentá-lo com neutralidade – ou seja, para neutralizar sua dimensão abominável – já é um tipo de endosso?

Mais precisamente, o dilema é: *como* se mostra a tortura? De vez que o tema é tão sensível, qualquer espécie de neutralidade real na textura do filme é aqui uma farsa; sempre se pode discernir certa postura diante do assunto. Imaginemos um documentário sobre o holocausto apresentando-o de maneira fria e desinteressada como uma grande operação industrial-logística, tratando de problemas técnicos (transporte, eliminação dos corpos, prevenção do pânico entre prisioneiros que serão submetidos à câmara de gás etc.) – um filme assim iria encarnar uma fascinação perversa e profundamente imoral pelo seu tema ou iria contar com a própria neutralidade obscena de seu estilo para provocar consternação e horror nos espectadores. Onde está Bigelow aqui? Definitivamente e sem sombra de dúvida, do lado da normalização da tortura. Quando Maya, a heroína do filme, testemunha pela primeira vez uma sessão de afogamento, fica um pouco chocada, mas logo aprende o jogo – mais adiante no filme ela chantageia friamente um prisioneiro árabe de alto nível: "Se você não falar, vamos entregá-lo a Israel." Sua perseguição fanática a Bin Laden ajuda a neutralizar quaisquer remorsos morais comuns. Muito mais nefasto é seu parceiro, um jovem agente barbudo da CIA que domina à perfeição a arte de passar suavemente da tortura à camaradagem depois de dobrar a vítima (acendendo-lhe um cigarro e contando piadas). Há algo profundamente perturbador no modo como, mais adiante no filme, ele passa suavemente do papel de torturador barbudo vestindo jeans ao de burocrata bem-vestido de Washington. *Isso* é normalização em seu estado mais puro e eficiente – um pouco de desconforto, mais pela sensibilidade ferida do que pela ética, mas o trabalho precisa ser feito. Essa consciência da sensibilidade ferida como o (principal) custo humano da tortura garante que o filme não seja apenas uma peça de propaganda direitista barata: a complexidade psicológica é adequadamente representada, de modo que liberais bem-intencionados podem apreciar o filme sem se sentirem culpados. É por isso que *A hora mais escura* é muito pior do que *24 horas*, em que pelo menos Jack Bauer tem um colapso nervoso no final da série.[115]

O debate sobre afogamento ser ou não tortura deveria ser abortado como algo obviamente sem sentido: por que, se não causa dor e medo da morte, o afogamento faz com que suspeitos de terrorismo endurecidos comecem a falar? Quanto à substituição da palavra "tortura" pela expressão "técnica reforçada de interrogatório", deve-se observar que estamos lidando aqui com uma extensão da lógica do politicamente correto: exatamente da mesma forma que "deficiente" se torna "fisicamente debilitado", "tortura" se torna "técnica reforçada de interrogatório" (e, presumivelmente, estupro poderia tornar-se "técnica reforçada de sedução"). A questão crucial aqui é que a tortura – violência brutal praticada pelo Estado – se tornou publicamente aceitável no próprio momento em que a linguagem pública se tornou politicamente correta a fim de proteger vítimas da violência simbólica dos rótulos. Esses dois fenômenos são as duas faces de uma mesma moeda.

A defesa mais obscena do filme é a afirmação de que Bigelow rejeita o moralismo barato e apresenta sobriamente a realidade da luta contra o terrorismo, levantando questões difíceis e assim nos obrigando a pensar (além de, acrescentam alguns críticos, ela "desconstruir" clichês femininos – Maya não apresenta interesses sexuais nem sentimentalismo; ela é dura e dedicada a sua tarefa da mesma forma que um homem). Nossa resposta deve ser que, precisamente a respeito de um tema como a tortura, não se deveria "pensar". Um paralelo com o estupro se impõe aqui: e se um filme mostrasse um estupro brutal com a mesma neutralidade, afirmando que se deveria evitar o moralismo barato e começar a pensar no estupro em toda a sua complexidade? Nosso instinto básico nos diz que temos algo terrivelmente errado aqui. Eu gostaria de viver numa sociedade em que o estupro fosse considerado simplesmente inaceitável, de modo que qualquer um que o defendesse fosse visto como um idiota excêntrico, não numa sociedade em que fosse preciso argumentar contra ele – e o mesmo vale para a tortura: um sinal de progresso ético é o fato de a tortura ser "dogmaticamente" rejeitada como repulsiva, sem qualquer necessidade de maior discussão.

E que dizer do argumento "realista": a tortura sempre aconteceu, na verdade, mais ainda no passado (recente), de modo que não seria melhor pelo menos estar falando dela publicamente? Esse é, exatamente, o problema: se a tortura sempre aconteceu, *por que as autoridades agora estão falando dela publicamente*? Só existe um motivo: normalizá-la, ou seja, rebaixar nossos padrões éticos. A tortura salva vidas? Talvez, mas certamente perde almas – e sua justificativa mais obscena é afirmar que um verdadeiro herói está pronto a entregar sua alma para salvar as vidas de seus conterrâneos. A normalização da tortura em *A hora mais escura* é um sinal do vácuo moral de que estamos nos aproximando gradualmente. Se existe alguma dúvida sobre isso, tente apenas imaginar um grande filme de Hollywood mostrando a tortura de forma semelhante vinte ou trinta anos atrás – é impensável.

Vamos agora saltar para nosso terceiro e mais brutal exemplo, que nos confronta com o que é impensável mesmo hoje. O documentário *O ato de matar* (Final Cut Produções Cinematográficas, Copenhague) estreou em 2012 no festival de cinema de Telluride. Dirigido por Joshua Oppenheimer e Christine Cynn, *O ato de matar* fornece uma visão singular e profundamente perturbadora do dilema ético do capitalismo global. O documentário – filmado em Medan, Indonésia, em 2007 – relata um caso de obscenidade que chega ao extremo: um filme, feito por Anwar Congo e seus amigos, alguns dos quais são agora políticos respeitáveis, mas foram gângsteres e líderes de um esquadrão da morte que desempenhou um papel-chave no assassinato de aproximadamente 2,5 milhões de supostos simpatizantes do comunismo, na maioria etnicamente chineses, em 1965-66. *O ato de matar* é sobre "assassinos que venceram e o tipo de sociedade que eles construíram". Após a vitória, suas ações terríveis não foram relegadas à condição de "segredo sujo", o ato original cujos vestígios devem ser apagados – pelo contrário, eles se vangloriam abertamente dos detalhes de seus massacres (o modo de estrangular uma vítima com um fio, de cortar uma garganta, de estuprar uma mulher da forma mais agradável). Em outubro de 2007, a TV estatal indonésia produziu um talk-show celebrando Anwar e seus amigos; no meio do programa, depois de Anwar dizer que seus assassinatos foram inspirados pelos filmes de gângsteres, o sorridente moderador vira-se para as câmeras e diz: "Impressionante! Nossos aplausos para Anwar Congo!" Quando pergunta a este se teme uma vingança dos parentes de suas vítimas, ele responde: "Eles não podem. Quando erguem as cabeças, eu as corto!" Seu cúmplice acrescenta: "Nós vamos exterminar todos eles!", e o público explode numa aprovação exuberante. É preciso ver para crer.

O que torna *O ato de matar* extraordinário é que então ele dá um passo além e apresenta a questão-chave: o que os assassinos "[tinham] *em mente quando estavam matando pessoas*,[116] ou seja, qual foi a tela protetora que usaram para blindar-se do horror do que estavam fazendo? A resposta é que essa tela protetora que evitou uma crise moral mais profunda foi a tela do cinema: eles vivenciaram sua atividade como uma encenação de seus modelos cinematográficos, o que lhes possibilitou vivenciar a própria realidade como ficção – como grandes admiradores de Hollywood (começaram suas carreiras como organizadores e controladores do mercado negro na venda de bilhetes de cinema), eles desempenharam um papel em seus massacres, imitando gângsteres, caubóis ou até mesmo dançarinos de um musical de Hollywood.

Há uma boa piada sobre Jesus Cristo: a fim de relaxar após o árduo trabalho de pregar e produzir milagres, Jesus decidiu fazer uma pequena pausa numa praia do mar da Galileia. Durante um jogo de golfe com um de seus apóstolos, ele tentou uma jogada difícil, se saiu mal e a bola foi parar na água, de modo que ele fez seu truque usual: caminhou sobre a água até o lugar onde estava a bola, abaixou-se e a pegou. Quando estava para repetir a jogada, o apóstolo lhe disse que ela era muito difícil – só alguém como Tiger Woods seria capaz de fazê-la. Jesus respondeu: "Que diabo, sou o filho de Deus! Se Tiger Woods pode, eu também posso!", e tentou outra tacada. A bola foi parar na água novamente, e Jesus mais uma vez caminhou sobre a água para pegá-la. Nesse momento, um grupo de turistas americanos estava passando por ali e um deles, observando a cena, virou-se para o apóstolo e disse: "Meu deus, quem é aquele cara ali? Está pensando que é Jesus ou o quê?" O apóstolo respondeu: "Não, o babaca pensa que é Tiger Woods!" É assim que funciona a identificação fantasística: ninguém, nem mesmo o próprio Deus, é diretamente o que é; todo mundo precisa de um ponto de identificação externo, descentralizado. Podemos imaginar a cena de um jornalista americano observando Anwar envolvido na tortura de um suspeito de comunismo; o jornalista pergunta ao amigo de Anwar que está do seu lado: "Quem é aquele cara ali? Será que ele pensa que é um instrumento da justiça divina?" E o amigo responde: "Não, ele pensa que é Humphrey Bogart!"

Aqui encontramos o vácuo moral da sociedade no que ele tem de mais brutal: de que tipo de textura simbólica (o conjunto de regras que estabelece a linha divisória entre o que é publicamente aceitável e o que não é) deve compor-se uma sociedade se até um nível mínimo de vergonha pública (que obrigaria os criminosos a tratarem suas ações como um "segredo sujo") é desprezado e uma orgia monstruosa de tortura e matança pode ser publicamente celebrada décadas depois de ter ocorrido, nem mesmo como um crime extraordinário, necessário para o bem público, mas como uma atividade comum, aceitável e agradável? A armadilha a ser evitada aqui é, evidentemente, aquela fácil de pôr a culpa diretamente em Hollywood ou no "primitivismo ético" da Indonésia. O ponto de partida deveria ser, em vez disso, os efeitos perturbadores da globalização capitalista que, ao solapar a "eficácia simbólica" das estruturas éticas tradicionais, cria esse vácuo moral.[117]

Significaria isso que, mediante a dissolução gradual de nossa substância ética, estamos simplesmente regressando ao egoísmo individualista? As coisas são muito mais complexas. Frequentemente ouvimos dizer que a crise ecológica é o resultado de nosso egoísmo de curto prazo: obcecados com os prazeres imediatos e a saúde, nós nos esquecemos do bem comum. Entretanto é nisso que a noção do capitalismo como religião, de Walter Benjamin, se torna crucial: um verdadeiro capitalista não é um egoísta hedonista; é, pelo contrário, fanaticamente devotado à tarefa de multiplicar sua riqueza, pronto a negligenciar sua saúde e felicidade, para não mencionar a prosperidade de sua família e o bem-estar de seu ambiente. Assim, não há necessidade de evocar alguma forma de moral elevada e condenar o egoísmo capitalista – contra a pervertida e fanática dedicação capitalista, basta evocar simplesmente uma boa dose de preocupações egoístas e utilitaristas. Em outras palavras, a busca daquilo que Rousseau chama *amour-de-soi* (amor de si) natural requer um nível altamente civilizado de consciência.

O egoísmo hedonista que supostamente permeia nossas sociedades é, assim, não um fato, mas a ideologia dessas sociedades – a ideologia filosoficamente articulada em *Fenomenologia do Espírito* de Hegel perto do final do capítulo sobre a razão, sob o nome de *"das geistige Tierreich"* – "o reino espiritual dos animais", termo criado por Hegel para designar a moderna sociedade civil em que os seres humanos são envolvidos numa interação autointeressada. Como diz Hegel, a conquista da modernidade iria permitir que "o princípio da subjetividade atingisse sua realização no extremo autônomo da particularidade pessoal".[118] Esse princípio torna possível a sociedade civil como o domínio em que indivíduos humanos autônomos se associam entre si por meio das instituições da economia de livre mercado a fim de satisfazerem suas necessidades privadas: todos os fins comunais são subordinados aos interesses privados de indivíduos; são conscientemente imaginados e calculados com o objetivo de maximizar a satisfação desses interesses. O que importa para Hegel aqui é a oposição entre privado e comum percebida por aqueles em que ele se baseia (Mandeville, Adam Smith), assim como por Marx: indivíduos percebem o domínio comum como algo que deve servir a seus interesses privados (como um liberal que pensa no Estado como protetor da liberdade e da segurança privadas), ao passo que, ao perseguirem esses objetivos restritos, indivíduos efetivamente atendem aos interesses comunais. A tensão propriamente dialética surge aqui quando tomamos ciência de que, quanto mais os indivíduos agem de forma egoísta, mais contribuem para a riqueza comum.

O paradoxo é que, quando indivíduos desejam sacrificar seus interesses privados restritos e trabalhar diretamente para o bem comum, o que sofre é o próprio bem comum – Hegel adora contar anedotas históricas sobre um bom rei ou príncipe cuja própria dedicação ao bem comum leva seu país à ruína. A novidade propriamente filosófica de Hegel foi aprofundar a determinação dessa "contradição" segundo as linhas de tensão entre o "animal" e o "espiritual": a substância espiritual universal, "o trabalho de todos e de cada um", surge como resultado da interação "mecânica" dos indivíduos. O que isso significa é que a própria "animalidade" do "animal humano" autointeressado (o indivíduo que participa da complexa rede da sociedade civil) é o resultado do longo processo histórico de transformação da sociedade hierárquica medieval na sociedade burguesa moderna. É, assim, a própria concretização do princípio da subjetividade – o oposto radical da animalidade – que acarreta a reversão da subjetividade em animalidade.

Hoje em dia, vestígios dessa mudança podem ser detectados por toda parte, especialmente nos países asiáticos em processo de desenvolvimento acelerado em que o capitalismo exerce um impacto extremamente brutal. *A exceção e a regra*, de Bertolt Brecht (um "jogo de aprendizagem" escrito em 1929-30 para ser apresentado em fábricas e escolas), conta a história de um rico mercador que, com seu carregador ("cule"), cruza o deserto de Yahi (um dos lugares chineses ficcionais de Brecht) para fechar um negócio relativo a petróleo. Quando os dois se perdem no deserto e seu suprimento de água fica escasso, o mercador equivocadamente atira no *coolie*, pensando estar sendo atacado, quando na verdade o *coolie* estava lhe oferecendo um pouco de água que ainda tinha na garrafa. Mais tarde, no tribunal, o mercador é absolvido: o juiz conclui que ele tinha todo o direito de temer uma potencial ameaça do *coolie*, de modo que estava justificado em atirar neste para se defender, independentemente de ter havido ou não ameaça real. Como o mercador e seu *coolie* eram de classes diferentes, aquele tinha todos os motivos para esperar deste o ódio e a agressão: essa é a situação típica, a regra, enquanto a gentileza do *coolie* foi uma exceção. Seria essa história mais uma das ridículas simplificações marxistas de Brecht? Não, a julgar por este relato sobre a China atual:

> Em Nanjing, meia década atrás, uma mulher idosa caiu ao pegar um ônibus. Reportagens de jornais nos contam que a mulher de 65 anos quebrou a bacia. Naquele momento, um jovem foi ajudá-la; vamos chamá-lo de Peng Yu, pois esse é seu nome. Peng Yu deu à mulher duzentos RMB (à época, suficientes para comprar trezentas passagens de ônibus) e a levou para o hospital. Depois, permaneceu com ela até a família chegar. Esta processou o jovem pedindo uma indenização de 136.419 RMB. Com efeito, o Tribunal Distrital de Nanjing Gulou considerou o rapaz culpado e ordenou que pagasse 45.876 RMB. O raciocínio do tribunal foi que, "de acordo com o bom-senso", como Peng Yu foi o primeiro a sair do ônibus, muito provavelmente atingiu a senhora. Além disso,

ele havia realmente admitido sua culpa, raciocinou a corte, ao permanecer com ela no hospital, já que nenhuma pessoa normal seria tão bondosa quanto Peng Yu afirmava ser.[119]

Esse incidente não é precisamente paralelo à história de Brecht? Peng Yu ajudou a senhora apenas por compaixão ou decência, mas, como tal demonstração de bondade não é "típica", não é a regra ("uma pessoa normal nunca seria tão bondosa quanto Peng Yu afirmava ser"), isso foi interpretado pelo tribunal como prova de sua culpa, e ele foi adequadamente punido. Seria essa uma exceção ridícula? Não, de acordo com o *Diário do Povo* (o jornal do governo), que, em sua pesquisa de opinião online, perguntou a uma ampla amostra de jovens o que fariam se vissem uma pessoa de idade que tivesse caído: "87% dos jovens não ajudariam. A história de Peng Yu reflete a vigilância do espaço público. As pessoas só vão ajudar se houver uma câmera no local." O que essa relutância em ajudar assinala é uma mudança na condição do espaço público: "a rua é um lugar intensamente privado e aparentemente as palavras público e privado não fazem sentido". Em suma, estar num espaço público não implica apenas estar junto com outras pessoas desconhecidas – ao caminhar entre elas, ainda estou em meu espaço privado, sem me envolver em nenhuma interação ou reconhecimento no que se refere a elas. Para ser considerado público, o espaço de minha convivência e interação com outros (ou da ausência disso) deve ser coberto por câmeras de segurança.

Outro sinal dessa mesma mudança pode ser encontrado no extremo oposto da atitude de ver pessoas morrendo em público e não fazer nada – na recente onda de sexo público na pornografia explícita. Há cada vez mais filmes mostrando um casal (ou mais pessoas) envolvido em jogos eróticos, chegando à cópula completa, em espaços públicos intensamente frequentados (numa praia pública, num trem, numa estação rodoviária ou ferroviária, no espaço aberto de um shopping center etc.), e o aspecto interessante é que a grande maioria dos passantes (finge que) ignora a cena – uma minoria lança um olhar discreto sobre o casal, e um número menor ainda faz observações sarcásticas obscenas. Uma vez mais, é como se o casal copulando permanecesse em seu espaço privado, de modo que não devêssemos nos preocupar com suas intimidades.

Isso nos traz de volta ao "reino espiritual dos animais" de Hegel – ou seja: quem efetivamente se comporta dessa forma, passando por pessoas morrendo em abençoada ignorância ou copulando na frente dos outros? Animais, é claro. Esse fato não implica de forma alguma a conclusão ridícula de que estamos de alguma forma "regredindo" ao nível animal. A animalidade com que estamos lidando aqui – o egoísmo desumano de cada um dos indivíduos que buscam satisfazer seus interesses privados – é o resultado paradoxal da mais complexa rede de relações sociais (trocas de mercado, mediação social da produção), e o fato de os próprios indivíduos serem cegos a essa rede complexa aponta para seu caráter ideal ("espiritual"): numa sociedade civil estruturada pelo mercado, a abstração governa mais que em qualquer outro momento da história da humanidade.

Hoje em dia frequentemente se diz que, com nossa exposição total à mídia, a cultura das confissões públicas e os instrumentos de controle digital, o espaço privado está desaparecendo. Deveríamos negar esse lugar-comum com a afirmação oposta: é o *espaço público* propriamente dito que está desaparecendo. A pessoa que mostra na web imagens de sua nudez ou dados íntimos e sonhos obscenos não é um exibicionista: exibicionistas invadem o espaço público, enquanto os que postam imagens de sua nudez na web permanecem em seu espaço privado e apenas o expandem para incluir outros. E, voltando a *O ato de matar*, o mesmo vale para Anwar e seus colegas: eles estão privatizando o espaço público num sentido muito mais ameaçador do que a privatização econômica. Essa privatização é um caso exemplar do modo como, em nossas sociedades, o acontecimento emancipador da modernidade está sendo gradualmente desfeito.

Destino final: "Nota bene!"

QUAIS SÃO AS CHANCES de um acontecimento político autêntico nestas condições depressivas em que o processo predominante é o de desfazer acontecimentos passados? Devemos começar relembrando que um acontecimento consiste numa guinada radical, a qual é, em sua verdadeira dimensão, invisível – citando o filósofo francês Maurice Blanchot: "Pergunta: Você admitiria o fato de estarmos num ponto de inflexão? Resposta: Se é um fato não é um ponto de inflexão."[120] Num acontecimento, as coisas não apenas mudam: o que muda é o próprio parâmetro pelo qual avaliamos os fatos da mudança, ou seja, um ponto de inflexão muda todo o campo no qual os fatos aparecem. É fundamental ter isso em mente hoje quando as coisas mudam o tempo todo, a uma velocidade frenética sem precedentes. Entretanto, por baixo dessa mudança constante, não é difícil discernir uma mesmice bastante enfadonha, como se as coisas mudassem para que tudo pudesse continuar sendo o mesmo – ou, como diz o velho provérbio francês, *plus ça change, plus c'est la même chose*. No capitalismo, em que as coisas precisam mudar o tempo todo para continuarem sendo as mesmas, o verdadeiro acontecimento seria transformar o próprio princípio da mudança. Essa noção de acontecimento que não pode ser reduzido a uma simples mudança foi desenvolvida por Alain Badiou: uma contingência (um encontro ou ocorrência contingente) que se converte em necessidade,[121] ou seja, origina um princípio universal exigindo fidelidade e trabalho duro em favor da nova ordem. Um encontro erótico é o acontecimento do amor quando ele muda totalmente as vidas dos amantes, organizando-as em torno da construção da vida em comum de um casal; na política, um levante contingente (revolta) é um acontecimento quando dá origem a um comprometimento do sujeito coletivo com um novo projeto emancipador universal, e assim põe em funcionamento o trabalho paciente de reestruturar a sociedade.

Poderíamos imaginar um acontecimento assim nos dias de hoje, quando, com o novo milênio, a esquerda entrou num período de crise profunda? Nos anos de prosperidade do capitalismo, era fácil para a esquerda fazer o papel de Cassandra, advertindo que essa prosperidade se baseava em ilusões e profetizando catástrofes vindouras. Agora o declínio econômico e a desintegração social que a esquerda esperava estão aqui, e protestos e revoltas estão pipocando por todo o globo. Mas o que está conspicuamente ausente é alguma resposta consistente da esquerda a esses acontecimentos, algum projeto de como transformar ilhas de resistência caótica num projeto de mudança social. A raiva que hoje explode em toda a Europa

> é impotente e inconsequente, já que a consciência e uma ação coordenada parecem além do alcance da sociedade atual. Veja-se a crise europeia. Nunca em nossas vidas enfrentamos uma situação tão carregada de oportunidades revolucionárias. Nunca em nossas vidas fomos tão impotentes. Nunca intelectuais e militantes ficaram tão calados, tão incapazes de encontrar uma forma de mostrar uma nova direção possível.[122]

Nos dois últimos anos, temos vivido, assim, numa situação pré-acontecimental constante em que uma barreira invisível parece impedir continuamente a gênese de um acontecimento propriamente dito, o surgimento de algo novo. Uma das razões para essa barreira invisível é o último triunfo ideológico do capitalismo: cada trabalhador se torna seu próprio capitalista, o "empresário de si mesmo" que decide quanto investir em sua educação futura, em sua saúde e assim por diante, contraindo dívidas para pagar esse investimento. Os direitos a educação, cuidados de saúde, moradia etc. se tornam, assim, decisões livres de investir, que estão formalmente no mesmo nível da decisão do banqueiro ou capitalista de investir nesta ou naquela companhia, de modo que, nesse nível formal, todo mundo é um capitalista contraindo dívidas a fim de investir.[123] Estamos aqui um passo além da igualdade formal entre capitalista e trabalhador aos olhos da lei – agora ambos são investidores capitalistas. Entretanto a mesma diferença na "fisionomia de nossas *dramatis personae*" que, segundo Marx, aparece após ser concluída a permuta entre trabalho e capital, reaparece aqui entre o investidor capitalista propriamente dito e o trabalhador que é compelido a agir como o "empresário de si mesmo": "Um, cheio de importância, sorriso satisfeito e ávido por negócios; o outro, tímido, contrafeito, como alguém que vendeu a própria pele e só está esperando ser esfolado."[124] E ele tem razão em permanecer tímido – a liberdade de escolha que lhe foi imposta é falsa, é a própria forma de sua servidão.

De que forma a atual ascensão do homem endividado, específica das condições do capitalismo global, se conecta com a relação devedor/credor como uma constante antropológica universal articulada por Nietzsche? É o paradoxo da realização direta que se transforma no seu oposto. O capitalismo global de hoje leva a relação devedor/credor ao seu extremo e simultaneamente a solapa: a dívida se torna um excesso abertamente ridículo. Entramos assim no domínio da obscenidade: quando um crédito é concedido, nem mesmo se espera que o devedor venha a quitá-lo – a dívida é tratada diretamente como meio de controle e dominação. Tomemos a pressão dos Estados Unidos sobre a Grécia para que esta implementasse medidas de austeridade – essa pressão se encaixa perfeitamente no que os psicanalistas chamam de "supereu". O supereu não é propriamente uma agência ética, mas um agente sádico que bombardeia o sujeito com exigências impossíveis, deliciando-se obscenamente com o fracasso deste em atendê-las; o paradoxo do supereu é que, como Freud disse claramente, quanto mais atendemos suas demandas, mais nos sentimos culpados.[125] Imagine-se um professor perverso que passa a seus alunos tarefas impossíveis e depois zomba deles sadicamente ao ver sua ansiedade e seu pânico. É isso o que há de terrivelmente errado com as exigências/ordens dos Estados Unidos: nem mesmo deram uma chance à Grécia; o fracasso desta faz parte do jogo. Aqui, o objetivo da análise político-econômica é empregar estratégias para sair desse círculo infernal de dívida e culpa.

Um paradoxo semelhante esteve em operação desde o início, evidentemente, já que uma promessa/obrigação que nunca pode ser plenamente cumprida está na própria base do sistema bancário. Quando alguém deposita dinheiro num banco, este se obriga a devolver o dinheiro a qualquer momento – mas todos sabemos que, embora o banco possa fazer isso para algumas pessoas, não pode fazer para todas. Entretanto esse paradoxo, que originalmente valia para a relação entre os indivíduos que depositam dinheiro e seu banco, agora também vale para a relação entre o banco e as pessoas (jurídicas ou físicas) que nele tomam empréstimos. O que isso implica é que o verdadeiro propósito de emprestar dinheiro ao devedor não é que a dívida seja paga com lucro, mas o prosseguimento indefinido da dívida que mantém o devedor em permanente dependência e subordinação. Mais ou menos uma década atrás, a Argentina decidiu pagar antecipadamente (com a ajuda da Venezuela) sua dívida com o Fundo Monetário Internacional (FMI), e a reação do FMI foi surpreendente: em vez de se mostrar satisfeito por ter seu dinheiro de volta, o FMI (ou melhor, seus representantes de alto escalão) expressou a preocupação de que a Argentina fosse usar sua nova liberdade e independência financeira em relação às instituições internacionais dessa área para abandonar as políticas fiscais rigorosas e se envolver em gastos irresponsáveis. Essa inquietação tornou palpável o que realmente está em jogo na relação devedor/credor: a dívida é um instrumento de controle e monitoramento do devedor e, como tal, busca sua própria reprodução ampliada.

Assim, de volta ao ponto de partida: como pode um acontecimento nos tirar dessa situação deprimente? Talvez devamos começar renunciando efetivamente ao mito de um Grande Despertar – o momento em que, se não a antiga classe trabalhadora, então uma nova aliança dos despossuídos, da multidão ou do que quer que seja irá juntar suas forças e capitanear uma intervenção decisiva. Devemos aqui retornar a Hegel: um processo dialético tem início com alguma ideia afirmativa pela qual ele luta. Entretanto, no curso dessa luta, *a própria ideia passa por uma transformação profunda* (não apenas uma acomodação tática, mas uma redefinição essencial), pois a própria ideia é envolvida no processo, (sobre)determinada por sua concretização. Digamos que temos uma revolta motivada por uma demanda por justiça: quando as pessoas se veem realmente engajadas nela, tornam-se conscientes de que muito mais se faz necessário para se obter justiça do que somente as demandas limitadas com que começaram (revogar algumas leis etc.). O que acontece nesses momentos é uma recomposição da própria dimensão universal, a imposição de uma nova universalidade.

Essa nova universalidade não é um contêiner com capacidade ilimitada, um acordo entre forças desiguais; é uma universalidade baseada na divisão. O presidente Obama é frequentemente acusado de dividir o povo americano em vez de uni-lo para encontrar soluções amplas, bipartidárias. Mas e se for exatamente isso o que é positivo a respeito dele? Em situações de crise profunda, uma divisão autêntica é urgentemente necessária – uma divisão entre os que desejam se arrastar dentro dos velhos parâmetros e os que têm consciência da mudança necessária. Essa divisão, e não acordos oportunistas, é o único caminho para se atingir a verdadeira unidade.

Além disso, não deveríamos ter medo de reafirmar outras noções que estão implícitas nessa divisão: ódio e violência. "A política é o ódio organizado que constitui a unidade." Essa frase vem de John Jay Chapman (1862-1933), um ativista político e ensaísta americano que hoje anda meio esquecido e que também foi dos primeiros a perceber a mentira da caridade: "A covardia geral desta época cobre-se com a ilusão da caridade e pede, em nome de Cristo, que não sejam feridos os sentimentos de ninguém."[126] A noção da política como ódio organizado está distante da loucura totalitária – eis sua versão contemporânea:

A situação, assim, se esclarece neste ponto: temos inimigos. Eles não são necessariamente hostis em relação a nós, pode até ser que desejem sinceramente nossa felicidade, prosperando e orgulhosos por viverem no mundo que conceberam para nós. Pode-se até dizer que é exatamente isso que eles esperam de nós: confirmar que o mundo deles é o melhor dos mundos possíveis – ou o menos ruim, a depender do caso.[127]

Uma vez, décadas atrás, os liberais diziam isso sobre os comunistas – hoje, isso vale para os inimigos do comunismo. Isso quer dizer que defendemos uma violência cega? Deveríamos desmistificar o problema da violência, rejeitando afirmações simplistas de que o comunismo do século XX usou em excesso a violência assassina e de que precisamos ter cuidado para não voltar a cair nessa armadilha. Na verdade, isso é, evidentemente, uma horrível verdade, mas um foco assim direto na violência ofusca a questão subjacente: o que houve de errado com o projeto de comunismo do século XX em si? Que debilidade inerente desse projeto forçou os comunistas no poder (e não apenas eles) a recorrerem à violência irrestrita? Em outras palavras, não basta dizer que os comunistas "desconsideraram o problema da violência": foi uma falha sociopolítica muito mais profunda que os empurrou para a violência. (O mesmo vale para a noção de que os comunistas "desconsideraram a democracia": seu projeto geral de transformação social lhes impôs essa "desconsideração".) A Revolução Cultural chinesa serve aqui de lição: destruir velhos monumentos provou não ser uma verdadeira negação do passado. Foi, em vez disso, uma impotente *passage à l'acte*, uma "pantomima" que atestou o fracasso em se livrar do passado.

Quando o escritor romeno Panait Istrati visitou a União Soviética no final da década de 1920, período em que tiveram início os primeiros expurgos e julgamentos políticos, um apologista soviético, tentando convencê-lo da necessidade da violência contra seus inimigos, evocou o ditado "Não se pode fazer uma omelete sem quebrar os ovos", ao que Istrati sucintamente respondeu: "Tudo bem. Posso ver os ovos. Onde está a omelete de vocês?"[128] Ele estava certo, mas não apenas no sentido comum de rejeitar a violência crua, que não pode ser justificada por seus resultados. O verdadeiro "quebrar de ovos" não é a violência física, mas a intervenção nas relações sociais e ideológicas que, sem necessariamente destruir nada nem ninguém, transforma inteiramente o campo simbólico – como? Para concluir, tomemos nosso último exemplo do cinema, o filme grego *Strella*, de Panos Koutras (2009).

Depois de ser rejeitado pelos órgãos de financiamento do Estado e desprezado por todas as principais companhias produtoras, Koutras foi obrigado a produzir o seu filme sem nenhum apoio financeiro, e assim *Strella* se tornou uma produção totalmente independente com quase todos os papéis desempenhados por não profissionais. Mas o resultado foi um filme cult que recebeu numerosos prêmios. Eis a história: Yiorgos é libertado da prisão após cumprir sentença de catorze anos por um assassinato cometido em sua pequena aldeia. (Ele encontrou o irmão de dezessete anos envolvido em jogos sexuais com seu filho de cinco e, num acesso de raiva, o matou.) Durante a longa permanência na prisão, ele perdeu contato com o filho, Leonidas, que agora tenta encontrar. Passa sua primeira noite de liberdade num hotel barato do centro de Atenas, onde conhece Strella, uma jovem prostituta transexual. Eles passam a noite juntos e logo se apaixonam. Yiorgos é aceito pelo círculo de amigos travestis de Strella, e ele admira sua personificação de Maria Callas. Entretanto ele logo descobre que Strella é, na verdade, seu filho Leonidas: mais ainda, ela sabia o tempo todo que Yiorgos era seu pai, estava seguindo-o quando ele saiu da prisão e esperou por ele no corredor do hotel. De início queria apenas vê-lo, mas, quando ele tentou conquistá-la, deixou as coisas irem em frente. Traumatizado, Yiorgos foge e entra em colapso nervoso, mas o casal restabelece contato e descobre que, apesar da impossibilidade de prosseguirem com seu relacionamento sexual, os dois podem com efeito cuidar um do outro. Gradualmente, encontram um modus vivendi, e a cena final tem lugar numa comemoração de Ano-Novo: Strella, seus amigos e Yiorgos todos juntos na casa dela, com uma criancinha que Strella resolve adotar, o filho de um amigo falecido. A criança dá corpo ao amor deles *e também* ao impasse de seu relacionamento.

Strella leva a perversão ao seu clímax (ridiculamente sublime): a descoberta traumática se repete. Primeiro, no início do filme, Yiorgos descobre que sua mulher amada/desejada é um transexual e aceita isso sem maiores hesitações, sem nenhum choque patético: quando nota que sua parceira é um homem, esta simplesmente diz: "Sou travesti. Você tem problema com isso?", e eles continuam se beijando e se abraçando. O que segue é a descoberta verdadeiramente traumática de que Strella é o próprio filho que ele estava procurando e que, sabendo disso, o seduziu. Aqui, a reação de Yiorgos é a mesma de Fergus ao ver o pênis de Dil em *Traídos pelo desejo*: repulsa destrutiva, fuga, vagar pela cidade incapaz de enfrentar o que foi descoberto. O resultado é também semelhante ao de *Traídos pelo desejo*: o trauma é superado pelo amor; surge uma família feliz com um filho pequeno.

A propaganda do filme descreve *Strella* como "o tipo de história contada em jantares festivos, uma espécie de lenda urbana" – o que significa que não devemos interpretá-lo da mesma forma que *Traídos pelo desejo*: a descoberta do herói de que seu amor transexual é seu filho não é a concretização de alguma fantasia inconsciente; sua reação de repulsa é verdadeiramente apenas a reação a uma surpresa externa ruim. Em outras palavras, devemos resistir à tentação de mobilizar o aparato psicanalítico e interpretar o incesto pai-filho: não há nada a interpretar; a situação no final do filme é *completamente normal*, uma situação de genuína felicidade familiar. Como tal, o filme serve de teste para os defensores dos valores familiares cristãos: aceite *essa* autêntica família de Yiorgos, Strella e o filho adotivo, ou pare de falar de cristianismo. A família que emerge no final do filme é propriamente uma sagrada família, algo como o Deus Pai vivendo com Cristo e transando com ele, os supremos casamento gay *e* incesto paternal – uma triunfante reelaboração da fantasia.[129] Em seu livro *Notas para uma definição de cultura*, T.S. Eliot enfatizou que existem momentos em que a única escolha é aquela entre a heresia e a descrença, em que a única forma de manter viva uma religião é fazer uma divisão sectária em relação ao seu corpo principal. Exatamente o mesmo serve para os valores familiares cristãos: a única forma de honrá-los é redefinir ou reelaborar a família para que ela inclua a situação do final de *Strella* como seu caso exemplar.

Este, então, é o fim – ele nos levou de volta ao começo, a nossa primeira definição de acontecimento como o ato do reenquadramento, de onde prosseguimos em nossa jornada através do acontecimento como queda, do acontecimento como iluminação, dos três acontecimentos filosóficos e dos três aspectos do acontecimento na psicanálise. Após confrontarmos a possibilidade de anular um acontecimento, alcançamos nosso destino final delineando os contornos de um acontecimento político.[130] Se, tarde da noite, já na cama, o viajante que acabou de terminar sua viagem está agradavelmente deitado, ou cansado demais para contemplar a perspectiva de um acontecimento político, só posso lhe dizer, sinceramente: *"Nota bene!"*

Notas

1. É por isso que, quando amamos, nos expomos ao ser amado em toda a nossa vulnerabilidade; quando estamos nus juntos, um sorriso ou comentário cínico do parceiro pode transformar charme em ridículo. O amor implica confiança absoluta: ao amar outra pessoa, eu lhe dou o poder de me destruir, esperando/confiando que ele ou ela não usará esse poder contra mim.
2. Ver Marc Vernet, "Film Noir on the Edge of Doom", em Joan Copjec (org.), *Shades of Noir*. Londres: Verso Books, 1993.
3. Stephen Hawking e Leonard Mlodinow, *The Grand Design*. Nova York: Bantam, 2010, p.5.
4. A despeito do absurdo de toda essa empreitada, existe nela uma beleza trágica; em seu *De castelo em castelo*, Céline fornece uma eloquente descrição da miséria e confusão da vida cotidiana em Sigmaringen.
5. Para uma introdução básica à obra de Lacan, ver Slavoj Žižek, *Como ler Lacan*. Rio de Janeiro: Zahar, 2010.
6. Cit. de http://www.friesian.com/hist-2.htm.
7. Uma versão mais específica da mesma fórmula pode ser encontrada nos chamados "filmes de ópera paralela", em que uma história contemporânea é análoga ao enredo de uma ópera (geralmente uma ópera popular italiana) cuja montagem é o ponto focal do enredo do filme. *Il Sogno de Butterfly*, filme italiano de 1939, fornece uma versão interessante desse procedimento: Rosa, que canta no palco no papel de Cio-Cio San, se apaixona por um tenor americano que volta para os Estados Unidos sem saber que ela está grávida. Quatro anos depois, agora rico e famoso, e com uma esposa americana, ele volta à Itália; mas, diferentemente de sua correlata operística, Rosa não se suicida – em vez disso, dedica sua vida ao filhinho.
8. A persistência dessa fórmula de produção de um casal é bastante surpreendente – em *Argo* (2012), ficamos sabendo no início que o agente da CIA que organiza a fuga do Iraque de seus funcionários da embaixada americana escondidos na casa do embaixador cana-

dense está separado da esposa, embora seja muito ligado ao seu filho pequeno. No final do filme, bem na última cena, ele se aproxima da casa em que vive a esposa e lhe pergunta se pode entrar; em silêncio, ela o abraça. O mistério dessa cena é que, uma vez que ela se segue diretamente ao triunfo profissional do agente, parece que a esposa de que ele estava separado tomou conhecimento, de alguma forma, de seu ato patriótico e heroico e está pronta a aceitá-lo de volta por gratidão – mas ela não pode saber coisa alguma sobre isso, já que a participação da CIA na operação foi secreta. A lógica subjacente do filme é, portanto, mais uma vez, que seu verdadeiro núcleo não é como salvar os funcionários americanos escondidos, mas a unificação do casal.

9. Em *Procura-se amigo para o fim do mundo*, de Lorene Scafaria, também ficamos sabendo que um asteroide que se aproxima da Terra vai acabar com toda a vida no planeta dentro de três semanas; entretanto, embora a catástrofe seja real e inevitável, ela ainda serve de veículo para criar um casal que, minutos antes da catástrofe, reconhece seu amor e se dissolve num abraço. Assim, a mensagem do filme é: é necessária uma catástrofe total para criar um casal de verdade.

10. Outro detalhe: quando a Coisa se aproxima da Terra, não apenas o comportamento dos animais se torna estranho (cavalos ficam perturbados etc.), mas também a atmosfera se altera: por um curto período, Justine e Claire ficam suando e têm dificuldade em respirar – as coordenadas básicas da natureza, seu equilíbrio, estão se desintegrando.

11. No filme de Benigni, Guido, um pai judeu, e seu filhinho Joshua são presos pelos alemães e levados para Auschwitz. A fim de tornar a vida no campo de concentração suportável para Joshua, Guido o convence de que o campo é um jogo complicado em que Joshua deve realizar as tarefas que Guido lhe passa para ganharem pontos; a primeira equipe a atingir mil pontos vai ganhar um tanque. Ele lhe diz que, se chorar, queixar-se de querer estar com a mãe ou disser que está com fome, ele vai perder pontos, enquanto garotos que se escondem dos guardas ganham pontos extras. Para ver o que há de errado com o filme, deve-se fazer um experimento mental simples: imagine-se o mesmo filme com uma alteração – no final, Guido ficaria sabendo que, o tempo todo, Joshua tinha conhecimento de onde estava, num campo de concentração, e só fingiu acreditar na história de Guido para lhe facilitar a vida.

12. E não nos esqueçamos de que, num sentido que está longe de ser louco, mas diz respeito a nossa experiência elementar mais profunda, Justine está *certa*: a vida é uma coisa repulsiva, um objeto abominável saindo de si mesmo, expelindo um calor úmido, arrastando-se, fedendo, crescendo. O próprio nascimento de um ser humano é um acontecimento do tipo *Alien*: um acontecimento monstruoso em que uma coisa é ejetada de um corpo, um corpo que se move, grande e peludo. Tudo isso deveria desaparecer. O espírito está acima da vida, é a morte em vida, uma tentativa de escapar da vida enquanto vivo, como a pulsão de morte freudiana que não é vida, mas um simples movimento repetitivo.
13. Um detalhe digno de nota em *A árvore da vida* é a fórmula que o filme fornece para resolver a tensão edipiana: pai e filho se reconciliam quando, depois de o pai pedir perdão por não ter cumprido corretamente seu papel paterno, o filho responde: "Sou tão mau quanto você." Essa é a fórmula correta da identificação paterna: não tento mais me identificar com o pai como ideal, identifico-me com seu próprio fracasso em ser um bom pai.
14. Cit. de www.huffingtonpost.com/rabbi-david-wolpe/tree-of-life _b_868717.html.
15. Peter Wessel Zapffe, *Om det tragiske*. Oslo: De norske bokklubbene, 2004, p.147.
16. Giorgio Agamben, *Stanzas*. Minneapolis: University of Minnesota Press, 1993, p.20.
17. Pauline Kael, *5001 Nights at the Movies*. Nova York: Macmillan, 1991, p.107.
18. Semelhante, mas não igual, é o caso do documentário de Raphael Siboni com um título lacaniano, *Il n'y a pas de rapport sexuel* (2012). Ele é muito mais que o "making of" de um filme pornô: seguindo de uma distância mínima a filmagem de uma obra de sexo pesado, ou seja, recuando e tornando visíveis os bastidores, a janela pela qual observamos a cena, ele dessexualiza totalmente a cena inteira, apresentando a encenação de sexo pesado como um trabalho enfadonho, repetitivo: fingir um prazer extático, masturbar-se fora de cena para manter a ereção, fumar durante os intervalos etc.
19. Richard Boothby, *Freud as a Philosopher*. Nova York: Routledge, 2001, p.275-6.
20. Søren Kierkegaard, *Fear and Trembling/Repetition*. Princeton: Princeton University Press, 1985, p.162. Estou em dívida para com Mladen Dolar por essa referência a Kierkegaard, Heine e Marx.

21. Nisso a posição de Stálin parece ambígua: pode-se imaginar um expurgo stalinista como um esforço para liquidar todos os limpadores de chaminés que perturbam a ordem socialista – mas o próprio Stálin também não foi o supremo limpador de chaminés?
22. Também não se deve esquecer que uma criada e um limpador de chaminés formam, eles próprios, um casal – relembremos o velho mito dos limpadores de chaminés como sedutores de criadas inocentes.
23. Ver Walter Benjamin, "On Language as Such and on the Language of Man" (1916), em *One-Way Street and Other Writings*. Londres: New Left Books, 1919, p.107-23.
24. No *blockbuster* de 2012 *Fúria de Titãs*, há uma fala interessante quando um dos deuses afirma que os humanos são imortais, já que após a morte continuam vivendo (em sua alma imortal ou na tradição), enquanto os deuses são verdadeiros mortais: quando morrem, realmente desaparecem, nada permanece. A combinação de Heidegger de mortais e imortais deveria, assim, ser corrigida: humanos imortais versus deuses mortais.
25. O cristianismo, assim, nos manda inverter os termos dos "dois corpos do rei": o próprio Deus tem dois corpos, mas, na crucificação, não é o corpo terrestre que morre, enquanto o corpo sublime permanece como o Espírito Santo; o que morre na cruz é o próprio corpo sublime de Cristo.
26. G.K. Chesterton, *Orthodoxy*. São Francisco: Ignatius Press, 1995, p.139.
27. *De cultu feminarum*, seção I.I, parte 2; cit. de http://www.tertullian.org/anf/anf04/anf04-06.htm.
28. G.K. Chesterton, *Saint Francis of Asisi*. Nova York: Empire Books, 2012, p.11-2.
29. Schelling fez uma observação idêntica ao enfatizar o modo como, no Antigo Império Romano, a ascensão do cristianismo foi precedida pelo avanço da decadência e da corrupção.
30. G.W.F. Hegel, *Vorlesungen über die Philosophie der Religion II*. Frankfurt: Suhrkamp Verlag, 1969, p.205.
31. *Hegel's Science of Logic*. Atlantic Highlands: Humanities Press, 1969, p.402.
32. Ray Kurzweil, *The Singularity Is Near*. Nova York: Penguin Books, 2006, p.9.

33. Brian Greene, *The Elegant Universe*. Nova York: Norton, 1999, p.116-9.
34. Ibid., p.171.
35. Kojin Karatani, *History and Repetition*. Nova York: Columbia University Press, 2011, p.196-7.
36. Ibid., p.197.
37. Antes de descartarmos o trabalho de Ussher como uma curiosidade ridícula, devemos lembrar que, até alguns anos atrás, a Bíblia disponível na maioria dos hotéis incluía essa cronologia da criação!
38. François Balmès, *Structure, logique, aliénation*. Toulouse: Érès, 2011, p.16.
39. Baseio-me aqui em "Neurotechnology, Social Control and Revolution", de Ahmed El Hady, disponível em bigthink.com/ideas/neurotechnology-social-control-and-revolution?page=all.
40. Cit. de Ahmed El Hady, op.cit.
41. Ver http://www.post-gazette.com/local/city/2011/10/10/Brain-linked-to-robotic-hand-success-hailed/stories/201110100221.
42. O texto foi escrito perto do final do ano de 1925, mas publicado décadas depois. A única tradução disponível é em alemão: Andrei Platonov, "Der Anti-sexus", em Boris Groys e Aage Hansen-Loeve (orgs.), *Am Nullpunkt*. Frankfurt: Suhrkamp Verlag, 2005, p.494-505. Como curiosidade deve-se acrescentar que, em agosto de 2012, um deputado da Duma de Moscou, Vladimir Platonov, tornou-se conhecido como o "antissexo" por sustentar a proibição de toda educação e propaganda sexuais (em detrimento da saúde e da moralidade públicas) na mídia e nas escolas russas – de Andrei a Vladimir, essa é concebivelmente a fórmula mais sucinta para a decadência da vida pública na Rússia.
43. Mladen Dolar, "Telephone and Psychoanalysis". *Filozofski vestnik*, n.1, 2008, p.12 (em esloveno).
44. C.E. Elger, A.D. Friederici, C. Koch, H. Luhmann, C. von der Malsburg, R. Menzel, H. Monyer, F. Rösler, G. Roth, H. Scheich e W. Singer, "Das Manifest: Elf führende Neurowissenschaftler über Gegenwart und Zukunft der Hirnforschung". *Gehirn und Geist*, vol.6, 2004, p.17.
45. Jürgen Habermas, "The language game of responsible agency and the problem of free will: how can epistemic dualism be reconciled with ontological monism?". *Philosophical Explorations*, vol.10, n.1, março de 2007, p.31.
46. Ver Thomas Metzinger, *Being No One: The Self-Model Theory of Subjectivity*. Cambridge, Mass.: MIT Press, 2003.

47. Um sinal claro dessa abordagem pragmática é o papel que a meditação desempenha no budismo: enquanto no Ocidente a meditação é percebida como fundamental (uma das técnicas de relaxamento para se atingir a "paz interior"), de modo que ser um budista efetivamente significa praticar a meditação, no Oriente, em que o budismo é realmente uma forma de vida, somente uma pequena maioria se envolve nessa prática – a maioria apenas segue (finge seguir) as normas éticas impostas pelo budismo (gentileza, não sofrer etc.). Monges que praticam amplamente a meditação são uma espécie de "sujeito suposto meditar", uma garantia (às pessoas comuns) de que a iluminação é possível.
48. Ver Michael Jerryson e Mark Jürgensmeyer, *Buddhist Warfare*. Oxford: Oxford University Press, 2010.
49. Mark Epstein, *Thoughts without a Thinker*. Nova York: Basic Books, 1996, p.83.
50. Ibid., p.211.
51. Owen Flanagan, *The Boddhisattva's Brain. Buddhism Naturalized*. Cambridge, Mass.: MIT Press, 2011, p.160.
52. Cit. de Elaine Feinstein, *Ted Hughes*. Londres: Weinfeld & Nicholson, 2001, p.166.
53. Ibid., p.234.
54. Disponível em http://thinkexist.com/quotes/neil_gaiman/.
55. W.B. Yeats, "He Wishes for the Cloths of Heaven" (1899).
56. Immanuel Kant, "The Conflict of Faculties", em *Political Writings*. Cambridge: Cambridge University Press, 1991, p.182.
57. Jorge Semprún, *The Long Voyage*. Los Angeles: Overlook TP, 2005, p.172.
58. Marco Aurélio, *Meditations*, B.6, p.13, cit. de http://classics.mit.edu/Antoninus/meditations.html.
59. Søren Kierkegaard, *Works of Love*. Nova York: Harper Torchbooks, 1962, p.114.
60. Também se deve notar que, desde o início, o pensamento de Descartes tem ressonância entre as mulheres – "o *cogito* não tem sexo" foi a reação de uma das primeiras leitoras. A pessoa que primeiro empregou esse potencial feminista do cartesianismo foi François Poullain de la Barre, um seguidor de Descartes que, depois de se tornar sacerdote, converteu-se ao protestantismo. Ele aplicou princípios cartesianos à questão dos sexos e denunciou a injustiça contra as mulheres e a desi-

gualdade da condição feminina, defendendo a igualdade social entre mulheres e homens. Em 1673, ele publicou anonimamente *De l'égalité des Deux Sexes: Discours physique et moral où l'on voit l'importance de se défaire des préjugés*, mostrando que a desigualdade entre os sexos não tem uma base natural, mas procede de preconceitos culturais. Ele também recomendou que as mulheres recebessem uma educação adequada e que todas as carreiras lhes fossem abertas, incluindo as científicas.
61. G.W.F. Hegel, "Jenaer realphilosophie", em *Fruehe politische Systeme*. Frankfurt: Ullstein, 1974, p.204; cit. de Donald Phillip Verene, *Hegel's Recollection*. Albany, NY: SUNY Press, 1985, p.7-8. Também na *Enciclopédia*, Hegel menciona o "abismo quase noturno dentro do qual um mundo de imagens e representações infinitamente numerosas é preservado sem estar na consciência" (*Enciclopédia*, par.453). A fonte histórica de Hegel é aqui Jacob Bohme.
62. Hegel, "Jenaer realphilosophie", op.cit.
63. Ver Sigmund Freud, "Psychoanalitic notes upon an autobiographical account of a case of paranoia", em *Three Case Histories*. Nova York: Touchstone, 1996.
64. Ver Catherine Malabou, *Les nouveaux blessés*. Paris: Bayard, 2007.
65. Ibid., p.315.
66. G.K. Chesterton, *The Man Who Was Thursday*. Harmondsworth: Penguin Books, p.44-5.
67. G.K. Chesterton, "A Defense of Detective Stories", em H. Haycraft (org.), *The Art of Mystery Story*. Nova York: The Universal Library, 1946, p.6.
68. Richard Wagner, *Jesus of Nazareth and Other Writings*. Lincoln, Nebr. e Londres: University of Nebraska Press, 1995, p.303.
69. Ludwig Feuerbach (1804-72) foi um filósofo alemão que rejeitava o idealismo de Hegel e defendia a plena afirmação da existência corpórea e sensual humana; para ele, a religião é uma fantasia em que a humanidade projeta suas melhores características.
70. Wagner, *Jesus of Nazareth*, op.cit., p.303-4.
71. Jean-Pierre Dupuy, "Quand je mourrai, rien de notre amour n'aura jamais existé", palestra não publicada realizada no colóquio Vertigo et la Philosophie, École Normale Supérieure, Paris, 14 de outubro de 2005.
72. Para uma elaboração mais detalhada dessa linha de pensamento de Bergson, ver o capítulo 9 de *Em defesa das causas perdidas*, de Slavoj Žižek. São Paulo: Boitempo, 2011.

73. Rosa Luxemburgo, *Reform or Revolution*, cap.VIII, cit. www.marxists. org/archive/luxemburg/1900/reform-revolution/ch08.htm.
74. É isso que talvez torne problemática a prática de curtas sessões de análise introduzida por Lacan. A ideia é clara: Lacan percebeu que, na sessão padrão psicanalítica de cinquenta minutos, o paciente apenas fica repassando e repassando coisas, e só nos últimos minutos, quando a sombra do final, de ser interrompido pelo analista, se avizinha, é que ele ou ela entra em pânico e produz algum material valioso. Daí lhe veio a ideia: por que não pular simplesmente o longo período de tempo perdido e limitar a sessão aos últimos minutos, quando, sob a pressão do tempo, realmente acontece alguma coisa? O problema aqui é: será que podemos mesmo ter apenas a produtiva parte final sem os 45 minutos precedentes de tempo perdido, que funcionam como período de gestação do conteúdo que explode nos cinco minutos finais?
75. G.W.H. Hegel, *Philosohie des subjektiven Geistes*. Dordrecht: Riedel, 1978, p.6-7.
76. Walter Benjamin (1892-1940) foi um filósofo e teórico das artes alemão que combinava o marxismo com o pensamento messiânico judaico.
77. Walter Benjamin, *The Arcades Project*. Cambridge, Mass.: Belknap Press, 1999, p.482.
78. Walter Benjamin, *Illuminations*. Nova York: Schocken Books, 2007, p.254.
79. Entretanto, quando Shakespeare fala do "apetite de um homem doente, que deseja mais daquilo que aumentaria seu tormento" (*Coriolano*), a ambiguidade é radical: essa caracterização vale tanto para o tormento autodestrutivo como para a dedicação ao Deus que negligencia o próprio bem-estar de alguém.
80. A segunda parte do argumento não é menos interessante, com sua linha nietzschiana de argumentação – nem tanto as duas últimas linhas (com seu conhecimento padrão: o medo o faz ver o que não está ali, o faz confundir um simples arbusto à noite com um urso), mas as anteriores, mais precisas: a imaginação substancializa uma propriedade (característica, emoção), imaginando seu portador, sua causa.
81. Ver Karl Popper, *Objective Knowledge*. Oxford: Oxford University Press, 1972.
82. François Balmès, *Structure, logique, aliénation*. Toulouse: Érès, 2011, p.16.

83. Emmanuel Lévinas (1906-95) foi um filósofo francês e teólogo judeu que se concentrou no tema ético de nossa responsabilidade em relação ao Outro.
84. Jürgen Habermas, *The Future of Human Nature*. Cambridge: Polity Press, 2003, p.110.
85. Jacques Lacan, *Écrits*. Nova York: Norton, 2007, p.824. [Ed. bras.: *Escritos*. Rio de Janeiro: Zahar, 1998.]
86. O escritor e antropólogo francês Georges Bataille (1897-1962) tratou dos temas da sexualidade, da violência e do sacrifício.
87. Serguei Eisenstein, "The Milk Separator and the Holy Grail", em *Non-Indifferent Nature*. Cambridge: Cambridge University Press, 1987.
88. Cit. de Robert Service, *Lenin*. Londres: Macmillan, 2000, p.232.
89. Traduzido por John Ashbery.
90. Karl Marx e Friedrich Engels, *Selected Works*, vol.1. Moscou: Progress Publishers, 1969, p.83.
91. James Williams, *Gilles Deleuze's Difference and Repetition: a Critical Introduction and Guide*. Edimburgo: Edinburgh University Press, 2003, p.94.
92. Gilles Deleuze, *Difference and Repetition*. Londres: Continuum Books, 2001, p.81.
93. Williams, *Gilles Deleuze*, op.cit., p.96.
94. T.S. Eliot, "Tradition and the Individual Talent", em *The Sacred Wood: Essays on Poetry and Criticism*. Londres: Faber & Faber, 1997 (publicado pela primeira vez em 1921).
95. Jorge Luis Borges, *Other Inquisitions: 1937-52*. Nova York: Washington Square Press, 1966, p.113.
96. Ver Peter Hallward, *Out of This World*. Londres: Verso Books, 2006.
97. Gilles Deleuze e Felix Guattari, *What Is Philosophy?*. Nova York: Columbia University Press, 1994, p.159.
98. Hallward, *Out of This World*, op.cit., p.54.
99. Williams, *Gilles Deleuze*, op.cit., p.109.
100. Ibid., p.87.
101. Jacques Lacan, *Encore*. Nova York: Norton, 1998, p.144. [Ed. bras.: *O Seminário, livro 20, Mais, ainda*. Rio de Janeiro: Zahar, 1985.]
102. Jean-Pierre Dupuy, *Petite metaphysique des tsunami*. Paris: Seuil, 2005, p.19.
103. Ver www.marxists.org/reference/archive/hegel/works/ph/phc2b2a.htm.

104. Ver Ryszard Kapuscinski, *O xá dos xás*. São Paulo: Companhia das Letras, 2012.
105. Ver Benjamin Libet, *Mind Time*. Cambridge, Mass.: Harvard University Press, 2005.
106. Em seu seminário sobre Wagner na École Normale Supérieure de Paris, 14 de maio de 2005.
107. Gilles Deleuze, *The Logic of Sense*. Nova York: Columbia University Press, 1990, p.5.
108. Ibid., p.7.
109. Ver Robert Pirsig, *Zen and the Art of Motorcycle Maintenance*. Nova York: Bantam, 1994 (publicado pela primeira vez em 1977).
110. Cit. de Brian Victoria, *Zen at War*. Nova York: Weatherhilt, 1998, p.110.
111. Informação pessoal obtida de um amigo.
112. Cit. de Niall Ferguson, *The War of the World*. Londres: Penguin Books, 2007, p.623.
113. Cit. de www.presseurop.eu/en/content/news-brief/2437991-orban-considers-alternative-democracy.
114. Ver www.latimes.com/entertainment/movies/moviesnow/la-et-mn-0116-bigelow-zero-dark-thirty-20130116,0,5937785.story.
115. É por isso que a declaração de Bigelow acerca do filme – "Quando você assiste à violência, está sendo desconstruído no sentido lacaniano" (ver www.newyorker.com/talk/2012/12/17/121217ta_talk_filkins#ixzz2IalEhu36) – não é apenas um absurdo (não existe desconstrução lacaniana, Lacan não era um desconstrucionista), mas uma obscenidade ética.
116. Cit. do material de publicidade da Final Cut Film Productions.
117. De maneira mais geral, como podem pessoas (relativamente) decentes fazer coisas horríveis? Para explicar isso, deve-se inverter a visão padrão anti-individualista dos conservadores, pela qual as instituições sociais controlam e contêm nossas tendências maléficas individuais, espontâneas, de seguir implacavelmente nossos impulsos destrutivos e egoístas: e se, pelo contrário, nós como indivíduos somos (relativamente) decentes, e as instituições têm de aplicar todos os seus subterfúgios para nos forçar a fazer coisas horríveis? O papel das instituições como agentes da mediação é fundamental aqui: existem coisas que eu nunca poderia fazer diretamente, em pessoa, mas, se eu deixar que os agentes as façam por mim, posso fingir que

não sei o que está se passando. Quantas pessoas dedicadas a causas humanitárias, de Angelina Jolie e Brad Pitt em diante, investem seu dinheiro em projetos habitacionais em Dubai que empregam versões modernas do trabalho escravo, enquanto não sabem (fingem não saber) nada sobre isso, que foi feito por seus assessores financeiros etc.?

118. G.W.F. Hegel, *Elements of the Philosophy of Right*. Cambridge: Cambridge University Press, 1991, par.260.
119. Michael Yuen, "China and the Mist of Complicated Things", texto não publicado.
120. Autoentrevista de Maurice Blanchot em *La nouvelle revue Française*, abril de 1960.
121. Ver Alain Badiou, *Being an Event*. Nova York: Continuum, 2007. E também *Logics of Worlds*. Nova York: Continuum, 2009.
122. Franco Bifo Berardi, *After the Future*. Oakland: AK Press, 2011, p.175.
123. Ver Mauricio Lazzarato, *The Making of the Indebted Man*. Cambridge, Mass.: MIT Press, 2012.
124. Karl Marx, *Capital*, vol.1. Londres: Penguin Books, 1990, p.280.
125. É fácil discernir o mesmo paradoxo do supereu no ódio dos fundamentalistas muçulmanos aos liberais do Ocidente: os liberais são odiados não por serem arrogantes e racistas em relação ao islã, mas precisamente pelo motivo oposto – porque se sentem culpados em relação ao Terceiro Mundo e duvidam de seu próprio direito de serem o que são. Dessa maneira, são apanhados pelo dilema clássico do supereu – quanto mais se sentem culpados, mais cruelmente são execrados e acusados de hipocrisia.
126. John Jay Chapman, *Practical Agitation*. Nova York: Charles Scribner & Sons, 1900, p.47.
127. *Communisme: un manifeste*. Paris: Nous, 2012, p.9.
128. O clássico romance distópico soviético *The Foundation Pit* (1929-30), de Andrei Platonov, conta a história de um grupo de trabalhadores envolvido na escavação dos enormes alicerces sobre os quais será construída uma casa enorme para a classe trabalhadora da cidade. Mas a casa nunca será construída: tudo que vai permanecer é o buraco gigantesco que destruiu as velhas casas que ocupavam aquele espaço – será que o título do romance também não poderia ser *Os ovos quebrados sem omelete*?
129. Uma análise mais detalhada de *Strella* também deveria mencionar a maneira como o filme brinca com a condição da voz. Strella admira

Maria Callas, imitando sua voz em boates de travestis. Na penúltima cena do filme, depois da reconciliação com Yiorgos, Strella caminha à noite pelas ruas de Atenas, tendo ao fundo uma patética ária de grande sucesso de Puccini, cantada por Callas. Strella não precisa mais imitar o canto de Callas – no final, ela aceita sua alienação: a voz não precisa ser sua; em vez de imitar o Outro, você o aceita em sua alteridade.

130. Esse panorama, evidentemente, está longe de ser completo. Entre as noções de acontecimento que deixamos de fora, deveríamos mencionar pelo menos duas: a condição do acontecimento na filosofia analítica desde o jovem Ludwig Wittgenstein a Donald Davidson, e também a condição acontecimental dos processos quânticos (ondas etc.) na física subatômica contemporânea.

Índice remissivo

acontecimento, 9-11
    anulação do, 149-51
    como a intervenção de um significante-mestre, 127-32
    como arcabouço, 14-6
    como *cogito*, 88-95
    como encontrar uma ideia, 77-81
    como iluminação budista, 67-8
    como imaginário, 144
    como o encontro de uma Coisa, 114-8
    como queda, 42-4
    natureza acontecimental do processo dialético, a, 103-8
    para Heidegger, 34
    político, 165-6
    Revolução Francesa como, 150
amor, em relação a casamento e sexo, 124-6
arcabouço, mudança no, 16
árvore da vida, A (filme de Terrence Malick), 25-8
ato de matar, O (filme de Joshua Oppenheimer), 155-7, 164

Badiou, Alain, 79, 140, 165-6
Bashō, Matsuo, 145-6
Benjamin, Walter, 40, 109, 158
Bergson, Henri, 105
Big Bang, teoria do, 50-2, 55
Boothby, Richard, 32
Borges, Jorge Luis, 132
Brecht, Bertolt, 160-2
budismo, 55-6, 63-5, 182
    e sofrimento, 67-71
    zen, 146-7

"Cantata Storm Clouds" (peça musical de Arthur Benjamin), 142-3
capitalismo, como religião, 158
Céline, Louis-Ferdinand, 13, 177
Chapman, John Jay, 170
Chesterton, Gilbert Keith, 46-7, 97-9
China (República Popular da), 191-2
Christie, Agatha, 7, 83
ciências do cérebro, 65-7
cogito, 88-95
    e feminismo, 182-3
Coisa, 115
comunismo, 171
"conhecimento absoluto", 96
contingência, 134-5
cristianismo, 8, 40-2

Darpa (Agência de Projetos de Pesquisa Avançada para Defesa), 58, 59-61
Decartes, René, 88-95
Deleuze, Gilles, 132-3, 144-5
"desconhecimentos desconhecidos", 14-5
desfazer (um acontecimento), 149-51
"deuses pertencem ao real, os", 114-5
dívida, homem endividado, 167-9
divisão, política, 170
Dolar, Mladen, 179
Dupuy, Jean-Pierre, 101-2, 135-6

ecologia, 158
Egito, 81
Einstein, Albert, 55
Eisenstein, Sergei, 120
El Hady, Ahmed, 59
Eliot, T.S., 130-2, 174

"empresário de si mesmo", 167
enquadramento, destruição do, 29
enquadramento, 34
escolha, 123
espaço público, desaparecimento do, 163-4
esquerda, crise da, 165-6
estoicos, 144
estruturalismo, 141
Eurípedes, 116

fantasia, 29-32
  travessia da, 31-4
film noir, 9
Filmer, Robert, 136-7
filosofia, 10-1
  e acontecimento, 75-7
Freud, Sigmund, 94

Gaiman, Neil, 78
"Gangnam Style" (canção interpretada por Psy), 121-2

Habermas, Jürgen, 116
haikai, 145-8
Hawking, Stephen, 10
Hegel, Georg Wilhelm Friedrich, 11, 47-8, 89, 137, 159-60
  processo dialético hegeliano, 103-8
Heidegger, Martin, 10-1, 34-5
Hitchcock, Alfred, 87, 101-2, 105-6, 142-3
hora mais escura, A (filme de Kathryn Bigelow), 152-5
Hughes, Ted, 72-3

ideia (platônica), 84
identificação fantasística, 157
impulso, 122-3
incorpóreos, 144
Indonésia, 156-8
Inocência desprotegida (filme de Dušan Makavejev), 17-8
Istrati, Panait, 172

James, Henry, 138
Jó (o Livro de), 26-7
judaísmo, 115-6

Kant, Immanuel, 80-1
Kierkegaard, Søren, 38-9, 40-1, 86
Kurzweil, Ray, 51

Lacan, Jacques, 15, 86, 111-3, 135, 184
lei e crime (antagonismo entre), 97-8
Lênin, Vladimir Ilich, 125-6
Lévi-Strauss, Claude, 141
Libet, Benjamin, 138
Luxemburgo, Rosa, 106

M. Butterfly (filme de David Cronenberg), 32-3
Malabou, Catherine, 94
Malcolm X, 49
Malebranche, Nicolas, 44-5
Mansfield Park (romance de Jane Austen), 16-7
Marco Aurélio, 85
Marx, Karl, 128
Melancolia (filme de Lars von Trier), 21-5
Metzinger, Thomas, 67

Não matarás (filme de Ernst Lubitsch), 30-2
nirvana, 70-1
"noite do mundo", 89-90

Orbán, Viktor, 151

pai, 118-20
Pirsig, Robert, 147
Platão, 36, 77-85
Platonov, Andrei, 61-3
Pol Pot, 148
política, como ódio organizado, 170-1
politicamente correto, 154
processo de desculpar-se, paradoxo do, 104

Projeto X (filme de Nima Nourizadeh), 118-21
"propriedade é crime", 98
Proudhon, Pierre-Joseph, 99-100

real, 85-6
    deus como, 114-8
real-simbólico-imaginário, 111-5
"reino espiritual dos animais", 159-60, 163-4
retroatividade, 105, 134
Rimbaud, Arthur, 127
Romance (filme de Catherine Breillat), 124
Rossini, Giacomo, 149-50
Rumsfeld, Donald, 14-5

Sapatinhos vermelhos (conto de Hans Christian Andersen), 122
Schelling, Friedrich Wilhelm Joseph, 89
Semprún, Jorge, 82
sexo, público, 162-3
Shakespeare, William, 109-11
Sigmaringen (o castelo de), 13-4
significante-mestre, 127-9, 139
simbólico, a ordem simbólica, 112-4
simetria quebrada, na física quântica, 52-3

Solaris (filme de Andrei Tarkovski), 19-20
Stamina Training Unit, 63
Strella (filme de Panos Koutras), 172-4
sujeito:
    cartesiano, 88-95
    pós-traumático, 91-2
supereu, 168, 187

tortura, 152-5
Traídos pelo desejo (filme de Neil Jordan), 32-3
transcendental, 9-10, 15

vácuo moral, 158
valores familiares, 174
"verdade surge do desprezo, a", 107-8
vida é bela, A (filme de Roberto Benigni), 25, 178

Wagner, Richard, 99-100, 140-1
Weisman, Alan, 27-8
Wolpe, David, 26

Yeats, William Butler, 79-80

Zapffe, Peter Wessel, 26

 A marca FSC® é a garantia de que a madeira utilizada na fabricação do papel deste livro provém de florestas de origem controlada e que foram gerenciadas de maneira ambientalmente correta, socialmente justa e economicamente viável.

Este livro foi composto por Mari Taboada em Dante Pro 11,5/15,5 e impresso em papel offwhite 80g/m² e cartão triplex 250g/m² por Geográfica Editora em abril de 2017.

Publicado no ano do 60º aniversário da Zahar, editora fundada sob o lema "A cultura a serviço do progresso social".